Become Someone else's Angel

20幾歲，要學會的幸福學分

廖翊君—著

幸福到底是什麼？

幸福的定義是什麼呢？是一種美好的感動。也是一種甜蜜。這種回答或許太抽象，還是舉幾個例子好了！

幸福就是剪了一頭自己喜歡的髮型；幸福也是大冷天吃到熱騰騰的關東煮；幸福可能是下折扣的第一天就搶到心儀已久的衣服；幸福是終於脫掉穿了一天的高跟鞋；幸福是看見情人的笑容；幸福是和許多不見的朋友見面；幸福是一種心靈上的暖流，懂得感受幸福，就是幸福！

那麼你呢？在愛情的路上，你覺得自己幸不幸福？

或許充滿荊棘、或許跌跌撞撞、或許一路順風。

Preface

作者序

無論你的回答是什麼，不懂得品嚐幸福的人，即使佔了愛情上風，仍然覺得不滿足。

而懂得品嚐幸福的人，即使面對坎坷，依舊學著明白真愛。

是的，只要學會了愛，那麼，不管愛情前途是凶是吉，相信你都能平安度過。

至於愛到底是什麼？和幸福又有怎樣的關係？

快點翻開本書，你就會知道了。

雖然這是一本為愛情所寫的書，但是，可不限定戀愛中人才有使用權喔！

加油！幸福之翼已為你開展，就看你何時起飛！

對了，如果你有任何想法或心事想與翊君分享，歡迎來信或到FB逛逛，

等你囉！

CONTENTS

幸福5號

奧弗斯 087

CONTENTS

CONTENTS

Cupid

幸福一號 **邱比特**

愛神邱比特，是維納斯女神的兒子，原本，維納斯派邱比特去射殺希臘公主沙姬，沒想到，邱比特卻被沙姬的美深深吸引，並無可自拔地愛上了她……

微小說1

送你一顆誠心

許多人都說網路情是危險、不可靠的，其實也有例外。

失戀後，曉云難過了好久，總是三更半夜還輾轉難眠，只要一閉上眼，腦海中就會浮現出偉明和她提分手的那一幕。

儘管偉明不承認他移情別戀，而是以個性不合做為分手的理由，心細的曉云還是察覺，偉明的心早就不在她身上。

曉云不懂，五年的感情怎麼會說散就散？那個女生到底是那一點比她好？每次想到這，曉云的眼淚就會不自主地流下，畢竟她還無法大方到接受這樣殘酷的事實！

這天，曉云哭著哭著，突然想起小學課本上的一個句子：「要怎麼收穫，先那麼栽」。這個常常出現在畢業紀念冊中，被曉云視為最應酬的名句，如今卻成為她從失戀中再站起來的激勵。

沒錯，要治療失戀，先要交朋友！也不知從那兒來的主意，曉云打開電腦，進入交友網站。以前，曉云總是聽朋友們說，交友網站是排解無聊時的最佳去處，反正不想見面就純聊天打屁，時間很快就過去……雖然曉云的朋友們幾乎都有網友，曉云卻對此沒有好感。

一是她有偉明這個標準男友，二是她覺得在網路上，根本交不到知心朋友。現在，她的想法卻有很大的改變。就像朋友們說的，和一個不認識的人聊天又不會怎麼樣，而且，此刻的她最需要的就是找一個陌生人說說話。

當曉云輸入個人資料及想認識的對象類型後，電腦上出現了十個人名及個人簡介。曉云很仔細地看過一遍，覺得對其中一位自稱長相不討好，署名「誠心」的人最有好感。她將留言傳遞出去，心想明天才能收到「誠心」的消息吧！就在即將離開網站時，畫面上有了變化。

「誠心」竟然也在線上，並且很快地回信。不到一個月，曉云和「誠心」已經在網路上聊了不下數十回，兩人都有見面的想法。

「誠心」的本名叫周誠，在一家電腦公司上班，或許是壓力大又常常加班，臉上長了許多痘痘。

是的，臉上長了許多痘痘，正是周誠給曉云的第一印象。

至於周誠這邊，倒是大吃一驚，他作夢都沒想到，眼前留著一頭長髮、氣質出眾的這個女生，竟然會是他的網友。

老實說，若是以前的曉云，對周誠這類外型的男生，是不會留意的。

但是，自從偉明移情別戀後，曉云開始領悟到一件事：雖然外表好看的男孩也有很專情的，但人始終不能只看外表。像周誠，雖然長得挺抱歉，但兩人一開口，就有聊不完的話題，儘管一開始曉云對周誠並沒有來電的感覺，卻又不知為何，就是無法拒絕周誠的邀約。

和周誠相處愈久，曉云對周誠的好感就愈濃，她覺得周誠人品好、工作認真，做事又很負責，真的是一個不錯的男生。奇怪的是，周誠雖然會約她見面，卻沒有對她表示愛慕，令曉云覺得十分不解。

難道，周誠真的只打算跟她做普通朋友嗎？當然不是，早在通信時，周誠就喜歡上未曾謀面的曉云。見面之前，周誠甚至希望曉云長得普普通通就好，這樣，他就比較有勇氣追求。

誰知道，曉云卻那麼地美。這下子，周誠可苦惱了。對自己的外表一直很介意的他，深怕一表白就會嚇跑曉云，因此，他一直壓抑著自己深深的情感，和曉云總是維持普通朋友的關係。

這天。曉云才剛下班回到家，電話就響。拿起話筒，曉云愣了三秒。是偉明，這個她很久沒有想起的人。

偉明告訴她，他現在就站在她家大門口，請她開個門。曉云一時無法回神，只能照著他的話做。一束鮮紅欲滴的玫瑰出現在眼前。

在玫瑰花海裡，放著一張卡片。曉云打開卡片，只見幾行字：「曉云，一年前的今天，我傷害了妳，一年後的今天，請讓我用永遠來彌補！」曉云，又再次輾轉難眠了。

只要一閉上眼，卡片上的字就會像跑馬燈似的環繞在腦海裡。過去和偉明快樂的回憶，也一湧而起。

奇怪的是，只要想到偉明，周誠也會跟著出現。偉明很慇勤；周誠很體貼。偉明很會逗她開心；周誠說的笑話都不太好笑。偉明懂得送玫瑰花；周誠送她的都是些小點心。偉明會開著跑車來接她；周誠騎的是摩托車。偉明又帥又有品味；周誠則&*%$#%。

曉云覺得莫名其妙，一個是曾經棄她而去的人，一個是只敢約她而不敢表白的人，她怎麼會將他們倆聯想在一起？

而且，偉明的臉愈想愈模糊，起而代之的是周誠誠摯的眼神和說話時真心關懷她的口吻……。曉云突然記起，當初會選擇和署名為「誠心」的周誠通信，不就是因為她需要的只是誠心而已。

曉云決定，明天就去暗示周誠，看他還要躲到何時？

原來，他給的愛已經夠多

女人的「如果」，男人的「不知道」；
女人的追問，男人的逃避，真的永遠無法平衡嗎？

女人，最喜歡問男人「你愛不愛我？」問題只有一個，答案卻有很多。

「當然愛啊，小傻瓜！」男人一邊回答，一邊輕拍女人的頭。

「嗯，讓我想一想……」個性調皮的男人如此說。

「那妳先說，妳愛不愛我？」有男人反問女人。

也有一些男人完全不吭聲。

無論如何，一旦覺得被愛了，「如果」也會跟著來。

情人節時，女人會預設：如果他愛我，他肯定會先計劃好節目。約會時，女人會觀察：如果他愛我，他不可能再看別的女人。逛街時，女人會認為：如果他愛我，他應該要記下我想要的東西，然後買來送我。冷戰時，女人會想著：如果他愛我，他就會先打電話給我。

結果……情人節，倆人都不知道去那裡好。約會時，他的眼睛偶爾會飄向走過的「美眉」。逛街時，他站得老遠，讓妳一人在店裡索然無味。

冷戰時，他一通電話也沒打，好像未曾認識妳似的。於是，女人向男人哭訴：「你根本不愛我。」

「怎麼會不愛妳呢？」男人急了，卻不知道該如何解釋。

「那……你就是不夠愛我。」女人說得理直氣壯。原來，女人要的不只是愛，而是要更多更多的愛。最後，男人受不了了，分手前丟下一句：「如果妳真愛我，妳就不會要求我這麼多！」

男人走後，女人突然記起過去的點點滴滴。這些曾經是她視而不見的小事，如今想來竟令人感動不已。女人終於瞭解，他其實挺愛她的，只怪她當初被一大堆的「如果」給矇住了心眼。

幸福小帖

多想想他無形的關心，
別太在意有形的東西。

當男人說「別提了」

有時「別提了」，其實就是「有」，

只不過，他們把這三個字當作另一個女生的代名詞。

第一次見面，他就直覺她是他要的女人。偏偏他不是她要的那一型。對於他的房子、他的事業、他的金錢，她一點兒也不感興趣，只願意認他做乾哥。至此，他知道她不可能愛上他，於是娶了另一個女人。

隔年，他有了第一個孩子。送油飯給她時，他一股腦兒地告訴她自己對老婆有多麼地好，不但房子、車子都在老婆名下，連信用卡也任老婆刷，言語間頗有「誰叫妳當初不接受我的追求」的意味。

過了半年，他約她敘敘舊，她禮貌性問起他和太太相處的情形。他揮揮右手說：「我做我的事，她儘管享福就好。」這樣地劃分界線，聽來讓人覺得他和老婆間似乎有了危機。

兩個月後，他又約她出來。因為沒什麼話好說，她順道關心一下他的婚姻生活。只見他蹙著眉頭說：「唉，別提了……」，然後開始抱怨起老婆是如何地不瞭解他、以及她和他之間的不合。

那種不耐煩的表情，彷彿向世人宣告他快離婚了。又過了一個月。他再度來找她，還拎了一個蛋糕。原來，他老婆生了第二個寶寶。收到蛋糕後，她恍然大悟。其實，他跟老婆的感情一直都沒什麼問題，他找她吐苦水，只是他的伎倆罷了。

雖然，她從來都不可能喜歡上他，但總算見識到男人的不安於室。此後，當她問起追求她的人「有沒有女朋友」，而男人以「別提了」來做為回答時，她總會想起他說這句話時的眼神。

她告訴我，男人的「別提了」，很多時候就是「有」，只不過，他們把這三個字當作代名詞——代替另一個女子的名字。

「很準喔！」她笑著說。

妳覺得呢？

幸福小帖

如果不喜歡當第三者，
那麼就該問清楚！

世界怎麼變了

他以「我們的世界不同」來做為逃避的藉口。說穿了，都是自尊心在作祟。他離開，只是因為他發現了內心的真我。女人，大可不必因此而太難過。

和音樂系畢業的女性友人聊天，問起她的愛情經驗，發現一件很奇怪的事。當還是學生時，她和愛人的感情好的不得了，然而，一旦有上台獨自表演的機會，兩個人的關係就開始不一樣了。

初次上台，男人會打從心底兒為她高興。再度上台，男人還是會為她加油、打氣。當喝采愈多、上台的次數愈多，男人的回應愈不同。可能是不再陪著她緊張興奮、可能是有事無法捧她的場、也可能對她音樂方面的事情漠不關心。最後，男人提出分手。

為什麼？

「我們的世界太不相同了。」男人說。「可是，你不是一開始就知道我是音樂系的？」女人不解。「沒錯，不過，現在不一樣了。」男人淡淡地回應，卻沒說出真正的理由。

原來，男人最初滿心想找一個學音樂的女孩，因為，學音樂的人都很有氣質，而且家世也不差，如果結婚，還可以教小孩音樂。男人當然知道，他的女友有一天會上台獨奏，可是他萬萬沒想到，此時的她，是那麼高高在上，聚集了台下所有欣賞者的眼光，與她平日小鳥依人的模樣完全不同。

她，讓他覺得自己好渺小。這樣的改變，令他無法承受。所以，他以「我們的世界不同」來做為逃避的藉口。

說穿了，都是男人的自尊心在作祟。他離開，只是因為他發現了內心的真我。女人，大可不必因此而太難過。

幸福小帖

一個成熟的男人，

會懂得欣賞真正的妳。

請別嘲笑男人的髮型

男人，其實也挺在乎自己的外表。
保住他的自尊，他會更懂得尊敬妳。

關於男人的自尊，這裡有一個題目可讓妳猜猜！什麼事情會讓男人們覺得自尊心受損？不是在眾目睽睽下跌一跤，也不是踩到狗屎臭了一整天，而是理了一個難看的髮型。根據調查，大半的男人如果理了一個失敗的髮型，就會覺得自尊心受損，什麼事都不對勁。

我的一位朋友小蓉，常常會當著大家的面前，數落男友的種種，而且，她所使用的形容詞既毒又辣，比如「你的新鞋怎麼那麼醜？看看這顏色，簡直就和米田共沒什麼兩樣。」「你動作就不會快一點啊，又不是女孩子。」，每每聽得我們不免為她的男友祈禱。

不過，小蓉當真運氣好，即使經過一番謾罵，她的男友也沒什麼不悅的表情，好像把被罵當吃飯，令我們不得不佩服。不料，一向被小蓉視為乖乖牌的他，竟也有病貓發威的時候。導火線正是頭髮。

小蓉哽咽地說：「人家只不過說他頭髮剪那麼短，看起來很『阿達』，他就頭也不回地走掉。」

想不到吧！原以為只有女人才在意髮型的美醜，沒料到男人也會這麼地看重。男人其實也挺在乎自己的外表。因此，妳的男人如果剪了一個好看的新髮型，請別吝嗇妳的稱讚。（平日也少吐他槽）

髮型再怎麼難看，也千萬別取笑他。保住他的自尊，他會更懂得尊敬妳。

幸福講座 當男人說他很受女性喜愛時

你有沒有過這樣的經驗：

「奇怪，最近××男怎麼有意、無意地告訴我他的豔遇？」

「他幹嘛要向我炫耀他又收到情書了？真無聊！」

「這個人簡直是莫名其妙，還把人家寫給他的信拿給我看！」

如果有，那麼八九不離十，這個男生已經「煞到妳」了！換句話說，他已經被妳給電到啦！

不管你是否覺得這樣子「故作玄虛」的男生很龜毛，事實上，就是有很多男孩子會在他喜歡的女孩子面前表現出自己很吃香的模樣。

因為怕被拒絕，因為自信心不夠，所以他必須要以這種方式來掩藏自己的真心。偏偏，很多女孩子看不透這一點，遇到這樣的男性，就算自己也喜歡他，卻趕緊避開，不然就是不予理會，怕成為他的花名冊上的名單之一。

的確，有些花心男是會向人吹噓他的「戰績」，但如果他在言語中又不自覺地透露出希望你再多詢問他的感覺，那麼，你可別真以為他是花花公子。

他啊，只是在告訴你：「如果你再不發現趕緊我的優點，我可是會被搶走的喔！」

這也是他用心良苦之處，如果你也對他有好感，不妨打開他的心防、增強他的自信心吧！

Persephon

幸福二號 **波斯弗妮**

波斯弗妮是農業女神蒂美特的女兒，有一天，她和同伴們在西西里島採花，波斯弗妮被嬌鮮欲滴的水仙給吸引，於是愈走愈遠，脫離了同伴，竟遇上了地獄之神海特斯，海特斯看到她為之驚豔，就把她擄回地獄裡……

微小說2

九份的熱咖啡

玉菁一個人走在大街上。午後，太陽突然被烏雲遮住，溫度愈降愈低，冷冷的空氣讓玉菁不得不打哆嗦。她想起出門前聽到收音機裡傳來的氣象預報：寒流將在今天下午抵台，請民眾不要忘記多加衣服……唉，都怪自己囉！失戀就失戀，偏愛裝酷，出門連件外套都沒穿，現在可好，冷得鼻水都快流出來！

匆忙鑽進一家咖啡廳，點了杯熱卡布奇諾，玉菁才發現，這家店竟然連一個客人都沒有——除了她以外。

喝下第一口咖啡，玉菁感到怪怪的，彷彿有人正監視著她。「該不會闖進黑店了吧！」她懷疑。抬起頭，玉菁的視線正好與一個男人對上，是剛才煮咖啡的人。

「咖啡好喝嗎？」男人笑著問，一點兒都沒有被「抓包」的樣子。

和他聊起來，玉菁才知道，這個自稱小鄭的男人正是咖啡廳的老闆，而且，這是一家「明天才要正式營業的店」。「看妳穿得單薄，不忍心趕妳走，這杯咖啡就算是招待妳！」小鄭說。

這是玉菁第一次來到九份，為了要治療失戀，她離開了台北這個傷心地，打算在九份住一夜，向小鄭打聽，沒想到小鄭也有經營民宿！拿著小鄭給她的鑰匙，玉菁打開房間，放下背包，快速地洗了個熱水澡，就坐在床上等待。可是，直到深夜，她的手機還是沒響。「偉明，應該是回到曉云身邊了吧！」玉菁自言自語。

和偉明見面，是在曉云的生日宴會上。偉明的幽默和風趣，馬上就吸引住玉菁的眼光，她好羨慕曉云有這樣的男朋友。就在玉菁沉迷地望著偉明時，偉明突然看向她，這一眼看得玉菁有點驚慌失措，她責問自己：偉明是曉云的男友，怎麼能對他動情？可是，命運之神就是這麼地愛捉弄人，宴會結束後，曉云拉著玉菁，說一定要送她回家，而司機，當然就是偉明。

「玉菁，妳不坐到前座嗎？」曉云下車後，偉明問。待她坐定，偉明又開口了：「我剛剛看到妳一直在偷看我哦！」偉明的一句話令玉菁聽來心驚膽跳，「那有，你可別往自己臉上貼金！」為了掩飾內心的不安，玉菁反而擺出一副很油條的姿態，哈哈大笑。兩人，就這樣一路聊、一路開車。下車前，偉明突然正經八百地問起玉菁的電話。

「妳和曉云是國中時最要好的死黨，願不願意擔任我的顧問？」偉明告訴玉菁，每次他和曉云吵架時，都不知道下一步該怎麼做才好，現在認識了玉菁，剛好可以向她請教。如此冠冕堂皇的理由，讓玉菁無法拒絕。

之後，玉菁發現，原來曉云愛發大小姐脾氣、對偉明頤指氣使、也不尊重他，每次一聊，都會聊上好幾個小時。每次聽到偉明的抱怨，玉菁就感到心疼，她總是想，如果她是偉明的女友，才捨不得對他這麼刁。和偉明每見一次面，玉菁對他的感情就愈深，結果，就在一次偉明向她抱怨時，她再也藏不住自己的情感，伸手撫摸著偉明的頭髮。而偉明，也緊緊地回抱。

不久，她從朋友那兒得知偉明和曉云分手的消息。

偉明和曉云分手後，就搬來住在玉菁租來的房子裡，照他的說法是因為怕曉云會打電話到家中找他，所以暫時不回家。倆人甜蜜的生活了一陣子後，玉菁開始作惡夢，夢見不知明的女人勾引偉明、夢見偉明離開她。只要偉明晚一點回來，或是打扮得特別帥氣，她就懷疑偉明是不是又交了別的女朋友。

偉明起先不承認，後來竟把衣物帶走。接著，她從朋友那兒得知，偉明又想和曉云重修舊好，還買了好大一束玫瑰花。至此，玉菁猜想，偉明是不會再回來了，她拎起背包，決定到某個地方流浪一天，以告別這段搶來的戀情。不過，雖然人已經到了九份，玉菁的心仍然對偉明存著一絲希望，盼著他能打手機給她，可是……玉菁嘆了口氣，閉上眼睛開始數羊，期待能快點入睡。

「這波寒流恐怕沒那麼快走唷！」隔天早上，玉菁才下樓，就聽見小鄭的聲音。空氣中充滿著咖啡與烤麵包的香味，玉菁還沒走到吧台，小鄭倒是從吧台後方扔了一件外套出來。「這件是我的外套，可惜被烘衣機烘得縮水，送妳！」小鄭爽朗地說。

穿上外套，看著小鄭在吧台做早餐的模樣，玉菁突然覺得有一點兒感動。

她跟小鄭聊起自己的感情故事，小鄭聽得很專注，末了，卻說了句無關緊要的話：「待會兒就要開始營業，我還沒請到工讀生，怎麼辦？」

「怎麼辦？難道要我留下來幫你不……成……」玉菁話還沒講完，就察覺到自己中了小鄭的計。好吧！就跟公司請個三天假，既然要告別失戀，就多待幾天吧！說不定，這一待就待上一輩子了呢？！

情人節與求助電話

坦白告訴他妳只愛他一個人吧！
故作大方，小心他真的離開你啊！

距離西洋情人節還有一個月的時候，電視開始報導相關消息。

走過家附近的花店，一束束包裝精美的玫瑰，按著號碼牌整齊地排在地上。花店主人則站在一旁，忙著指派工讀生送花去。猜猜，情人節除了花店、餐廳主人忙之外，還有誰也很忙？答案是求助電話。

一位張老師說：「愈接近情人節，與感情有關的求助電話就愈多。」

再猜猜，誰會打求助電話？除了失戀的、想不開的以外，其中，竟然有許多是正在戀愛中的人。怎麼會這樣呢？

「由於現代人的感情觀比較開放，男女生在談戀愛之餘，並不排斥多認識新朋友，相對的，也對彼此的感情產生了不安全感。」一位心理師回答。

我想起有天在百貨公司裡等人，身旁坐著一對年約十八歲的小情侶，女孩對男孩說：「我不反對你再認識別的女生，可是，如果喜歡上別人，一定要告訴我喔！」說這話時，女孩其實是希望男孩回答：「我才不要去認識別人呢！」

偏偏，很多男孩以為女孩並不很在乎他，才會說出這樣的話，因此真的去參加各種聯誼活動。女孩，就是在這種情形下，對感情產生了不安全感。

那怎麼辦呢，明明就是自己先假裝大方的，總不能收回先前說過的話吧！

當然可以，只要他沒有變心：只要妳不覺得沒面子，一切都還來得及改變和挽回。下次見面時，告訴他妳的真心話：「不許再認識別的女孩，我要你的心中只有我一人。」

男孩聽懂了，恍然大悟妳是很在乎他的。有時候放下執著，坦承自己的情感，並不代表妳是輸家，反而可能贏得對方的真誠回應。下次的情人節，求助電話肯定比今年少。至少，打的人不會是妳。

幸福小帖

愛他，就要說出來！

不要假裝討厭妳喜歡的人

試著傾聽心中的聲音，別再讓遺憾發生！

學妹告訴我，她喜歡的男孩交了女朋友。原本，男孩追的是她，結果卻和她的同學在一起。「現在我才知道，我是多麼地喜歡他。」學妹看著天空，嘆口氣。

我當然知道她為什麼嘆氣，因為，從很早以前，她每見到我，就會拉著我報告她的「成績」。坐公車時，被某個男校的學生緊追不捨。到圖書館，總會收到陌生人傳來的紙條。電子信箱、臉書中，擠滿了一封封的情書。

有一天，我發現學妹的追求者變少了。不，正確地說，是她不再那麼愛談論她的追求者——除了救國團認識的這個男孩外。

「我看，妳快要談戀愛了！」乍見學妹說起男孩的那種甜蜜爍亮的眼神時，我這麼告訴她。「才不呢，我才沒有喜歡他。」學妹嘟囔著否認。不承認喜歡他也就算了，但不知怎麼地，為了某種奇怪的莫名情緒，她竟開始「考驗」起他來。

當他對她體貼到令人羨慕時，她對他說：「你不必對我這麼好。」當他默默為她翻譯出艱難的外文書後，她告訴他：「我的功課，我自己會做，不必你來幫忙。」

她生日那天，他為她辦了一場派對，她卻連一支舞也不和他跳。大家都知道他的用心良苦，於是熱心要幫他們湊對。她一急，竟脫口而出說了重話，告訴大家他絕對不是她喜歡的那一型。然後，她看見他黯然的眼神。這天之後，她不再接到他的電話。他，就像空氣一樣，雖然存在，卻看不見、摸不著。

直到一年後，和她一起參加救國團的同學，幸福地挽著他的手，出現在校慶園遊會上，她方知道，自己是多麼地喜歡他。只是，來不及了！

所以，試著傾聽心中的聲音，不要拒絕接受「有喜歡的人」的感覺。遺憾，就別再讓它發生！

幸福小帖

勇敢向愛神挑戰吧！

幸福講座

不太緊張的男人

「真懷疑他到底愛不愛我？不然，我已經一天沒打電話給他，他好像一點感覺都沒有！」

「我們已經三天都沒約會了，他怎麼會不聞不問，都不緊張，難道他……」

別懷疑，他當然還是愛你的，只不過，在愛你之餘，他更懂得尊重你。

這裡所謂的尊重，指的是對你在生活上的尊重。

我們常常會聽到已婚的女性抱怨：「婚後就失去自由」、「婚後那兒都不能去」……等等，如果，你的他並不會特意追問你為什麼許久沒有聯絡，那麼，即使婚後，他仍然會讓你保持一定的自由度。

不過，這樣的男性其實是很獨立的，通常也不希望你干預他太多的自由，如果婚後你讓他感到被限制住了，那麼恐怕會影響甜蜜的婚姻生活喔！

對於他現在的生活作息方式你能接受嗎？如果能，再考慮結婚吧！

Venus

幸福三號 **維納斯**

維納斯，愛與美之女神，只要她一出現，狂風暴雨必定消散無疑、怒濤海嘯也演奏出和諧優美的浪聲，大家都被她甜蜜的笑容所征服，如果沒有她，歡笑和美麗將不再出現……

微小說3　男女純友誼，可能嗎？

在師大附近，有一家美式pub。偉明失魂落魄地走向吧台，他的無精打采和現場演奏的熱鬧氣氛，形成一股很強烈的對比。

「給我double！」偉明對著Bartendar小方說。偉明一向是這家pub的常客，和小方也混得很熟。

「你的女朋友呢？」小方關心地問。「吹了！」偉明冷笑一聲。

對於女人，偉明其實感到很無力。曉云是他生命中的第一個女人，他對曉云的呵護，可說是無微不至，或許是他寵壞了她吧，總覺得再怎麼對她好，她還是不滿意，五年來不但未曾體諒過他，反而變本加厲，指使他做東做西的。

就在他快要受不了的時候，玉菁出現了。

玉菁雖然沒有曉云的姿色，卻有一顆溫柔的心，當他發現玉菁對他有好感時，彷彿找到了一個新的港灣，於是，他迫不及待地和曉云分手，靠向玉菁。可是，令他想像不到的是，玉菁怎麼會是這麼一個愛懷疑的人？只不過是加班晚一點回家，她就會以一種不信任的眼光看著他。只不過是穿得比較好看一點，她就會追問他和誰約會。其實，他根本沒有和別的女孩交往，偏偏玉菁不相信。

因為害怕看到玉菁懷疑的眼神和神經質似的質問，他下班後就會到pub找小方聊天、吐苦水，聊著聊著發現自己對曉云還是挺留戀的。可是又能如何，人家已經將他出局了。

偉明喝了一口酒，苦悶地對小方說：「難道就沒有適合我的女孩嗎？」

「誰說沒有。」小方努努嘴。

在小方的示意下，偉明赫然發現，隔了兩個椅子旁，坐著一個女孩。女孩的皮膚白皙，一頭瀑布似的長髮遮住了半邊臉頰，從側面看，還真像曉云。

「她什麼時候出現的？」偉明疑惑著說。

「人家早就坐在那裡，是你一來就悶著頭訴苦，當然沒看到她囉。」

「可是，在這個地方和女生搭訕，不太好吧！」

「怎麼會不好，這個女孩子我也認識，不如請她過來。」

就在偉明還想著妥不妥時，女孩已經坐到他身旁。「她姓方，叫方倩如，是我妹妹。」小方笑著介紹。直到pub打烊前，偉明和倩如誰也沒離開坐位，兩人聊得很愉快。原因無它，誰叫他倆同是天涯失意人。倩如和男友阿其分手不到兩個月，分手的原因是個性不合。

「個性不合？我當初也是這樣跟第一個女朋友講的，其實我那時候已經心猿意馬，他該不會……」偉明說。「不，阿其和我真的是個性不合，我們之間沒有第三者。」倩如篤斷地回答。

偉明知道小方有心措合他們，這天之後，他也常常找倩如同遊，可是，情況就是有那麼一點兒不對勁。這話怎麼說呢？

比如，兩人到淡水坐渡船，倩如就會提到她和阿其坐渡船的事，連帶的讓偉明也勾起他和曉云到淡水玩的回憶。

或是，在聊天中，倩如總會問他一些很奇怪的問題，像是「男人都很重視工作嗎？」、「男人在工作時會不會因為女生一直打電話給他而感到心煩？」等，讓偉明覺得自己好像是在替倩如上「認識男性心理」的課程似的。

總之，一起出去玩了幾次，他和倩如卻連什麼特殊感情都談不上。

「聽起來，你們好像哥哥跟妹妹在聊心事一樣。」小方對偉明說。

「更慘，簡直是老師在輔導學生一樣。」偉明告訴小方，第一眼看到倩如時，曾經有過一點點兒的感覺，那是因為倩如的型跟曉云很像，但一開口，就發現兩人的頻率不太對，頂多是聊天的對象。

「而且，她對那個叫做阿其的男生無法忘懷！」偉明肯定的說。「真的？」小方先是不想相信，之後還是嘆了一口氣說：「我就知道。」「你知道？」這下，輪到偉明驚訝了。

「你既然知道，還把她介紹給我，分明就是……」話未說完，偉明頓了一下。哦，他瞭解小方是怎麼想了！小方一定是以為，偉明和倩如這兩個失意人會一拍即合，所以才將倩如介紹給他認識，沒想到……

「沒想到，老兄你的魅力還是不夠。」小方拍拍偉明的肩膀。

離開pub，偉明開著心愛的跑車到陽明山泡溫泉，看著身旁光溜溜的陌生男人，偉明覺得，在這個誰都不認識誰的地方想事情，其實蠻好的。

熱騰騰的溫泉讓偉明的皮膚有了覺知，過去的回憶突然一幕幕出現在眼前，而此刻的他，就像是旁觀者一樣，用客觀的態度來審視自己的情感。於是，他瞭解了。

以前的他認為對女友一定要很好，所以，當曉云出現時，他就算做牛做馬、自我犧牲，也要照著曉云的心意走。可是，他忘了，自己也是有尊嚴的，所以，當他受不了曉云的驕縱時，長期的壓抑讓他連談都不想談，只想逃離……因此，他和適時出現的玉菁在一起。

水氣矇上了偉明的臉，與玉菁相處的點滴，也歷歷在目。偉明驚覺，自己會投向玉菁的懷抱，只是為了讓壓抑已久的心有喘息的地方。沒錯，玉菁是很溫柔，可是除了這一點外，他對玉菁其實是沒有愛意的。

因為內心深處已經發現了自己是不愛玉菁的，卻又怕無法承受她的愛，所以會加班來當做擋箭牌，想想那些加班的日子，根本就是在公司裡東摸摸、西摸摸，不然就是和一些王老五，以及同樣是不想回家的同事們打屁聊天，那有真正在工作？

一想到此，偉明苦笑了，沒想到因為自己一時對愛的不敢面對和匆促決定，竟害慘了三個人。

不過「好佳在」，經過這兩次風暴後，偉明慶幸自己終於敢面對內心，沒有因為害怕寂寞，就欺騙自己的感情追求倩如，不然，這場混亂的愛情戲碼不曉得會演到何時？

離開溫泉，在回家的路上，偉明覺得心裡平靜許多。在下一個戀情來臨之前，先好好的工作吧！

最近，他們都結婚了

是眼光太高；是只看到對方的缺點，看不見人家的優點；是太重視自己；還是認識的男性太少？也許妳可以將原因歸咎在緣份未到。但真正的原因，自己應該最知道。

朋友倩告訴我：「你知道嗎？A跟B都結婚了！」

A和B，是曾經拜倒在倩的花榴裙下的兩個人。雖然他們倆追求倩的時間不同，但那股死纏爛打的精神卻非常相同，而且也立過非卿不娶的誓言。

「當初妳義正嚴詞地拒絕了人家，他們結婚，對妳來說應該沒什麼打擊吧！」我問「話是這樣沒錯，但是，我前後兩天接連著收到這些消息，心中難免覺得怪怪的。」倩回答

說得也是，一個是被倩取了個「娘娘腔」綽號的A，一個則是被冠上「迅猛龍」頭銜的B，都是被她歸類在絕對交不到女朋友的黑五類，怎麼會兩年內就步上紅毯的那一端？

反而是她——這個總是將許多追求者判出局的優質女，竟已經好幾年連個男朋友都沒有。「為什麼會這樣呢？」倩問我。

為什麼呢？我想起小云的故事。

小云芳齡二十五，在銀行上班，平常總打扮得光鮮亮麗，她的鞋子少說也有三十雙，衣服更是用「打」來計算，說起來，小云已經到了交友的年紀，卻連一個男友都沒有。朋友見她小姑獨處，好心想替她介紹，小云也答應了，但，就是相親不成功。

問她為什麼不喜歡對方，小云一針見血地批評：「第一次相親的那個人胖的嚇人，第二次見面的那個人長得有夠難看，至於小文介紹的男生更是弱不禁風的樣子，還有阿成的那個朋友，看起來簡直就像是性無能。」

「那，妳喜歡的到底是什麼樣的男孩子？」「我要求也不多啦，就是要帥、要高，一個月收入六萬就可以了。」

基於和小云姊姊的交情，我馬上想到了他──阿倫。

阿倫人品好，長相也不差，就是身旁一直缺乏伊人照顧，而小云的職業穩定，家世清白，又燒得一手好菜，包準可以將阿倫養得肥肥胖胖。和小云與阿倫約在餐廳見面，替他們互相介紹後，我這電燈泡就識相地離開了。

當晚，我接到了小云的電話，她表示自己對阿倫一見鍾情，可是阿倫家有急事，所以沒聊什麼就散會了，希望我幫她打聽阿倫對她的印象如何？

「這……我……」事實上，在我離開餐廳不久後，就接到了阿倫的行動。

「阿倫，你不是在餐廳嗎？」我懷疑地問。電話那頭的他，二話不說就丟來一句：「拜託，她妝那麼濃，一看就知道素顏後不是我的菜。你怎麼會介紹她給我，有沒有搞錯啊！」

「可是，你不是不在乎外表嗎？」「我是沒那麼在乎，但也不能差太多吧！」聽阿倫的口氣，好像是我對不起他似的。停頓了一會兒，阿倫接著說：「我可不想再待下去了！」

我當然不能將這一切明白的告訴小云，但也發現了一件事：你嫌人家，也有別人會嫌你。

我突然想起一句廣告詞：刮人家的鬍子之前，先刮好自己的。

嗯，要挑人家的外表之前，先瞧瞧自己的！

幸福小帖

咖啡雖然好喝，生活中沒有白開水也不行。

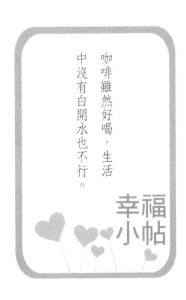

男人喜歡什麼樣的女人？

請先做自己，
因為真正愛妳的男人，自然會愛妳的全部。

可愛的、嬌俏的、冷艷的、率性的、清秀的、溫柔的、氣質的、俐落的……坐在咖啡廳裡，隔著玻璃窗，妳看著來往的女子，一一形容著。

「到底，他喜歡什麼樣的女人？」妳嘆了一口氣。為了他，妳其實已經改變了很多。明明是有話就說的人，因為他的一句「不要公開戀情」，只好自己承擔愛情路上的酸甜苦辣，好的壞的都無法與人分享。明明是辣妹一枚，因為他的一句「不希望女友太吸引別人目光」，於是愈穿愈老氣，二十幾歲穿得像三十多歲。明明是熱衷工作的業務主管，因為他的一句「不喜歡女強人」，最後辭去心愛的工作，做著枯燥無味的庶務性工作。

結果……卻在午後的天母街頭，看見他和一個穿得挺辣的女孩走在一起，不但有說有笑，還輕撩她被微風吹亂的髮絲。女孩的臉龐有些熟悉，正是幾天前報上以大幅文字報導的「某某企業卓越經理人」。

於是，妳崩潰了。妳說妳有許多的不懂。不懂的是，如此努力做一個討他疼愛的小女人，怎麼還得不到他的心。不懂的是，如此委屈自己，成為專為他量身訂作的情人，怎麼他還不定性？更不懂的是，他身邊的她，怎麼會是一個和以前的妳這麼類似的女孩？

於是，妳問我：「他到底喜歡什麼樣的女人？」

我不認識他，所以無法告訴妳答案。

或許，他喜歡清純，也不排斥風騷。或許，他中意小女人，也不拒絕大女人。或許，連他自己都分不清什麼樣的女人，才是自己所愛。

但，我一定要讓妳知道：不同的男人，喜歡不同的女人，你只要做自己就好。妳先做自己，那個真正愛你的男人，自然會愛你的全部。

幸福小帖

每日起床即微笑，
讓人也能分享妳的幸福！

女人該找什麼樣的男人？

別以為這種變來變去的情形只會出現在螢光幕上，
仔細瞧瞧，在你我身旁、甚至我們自己，
也或多或少因為虛榮心或沒有自信心而變……

小如芳齡二十八，身材前凸後翹，留著一頭如詩如夢的及腰長髮，再加上若隱若現的穿著、迷人的外表以及月收入十萬的高薪，絕對是那種令男人噴鼻血的嬌媚女子。

她當然也知道自己的優點，每天外出前，總要花個把小時打扮，否則寧可不出門。最近，小如覺得腰酸背痛的毛病一天天加重，在朋友的建議及介紹下，她決定到整脊中心去作復健。

這家位於郊區一樓的整脊中心，美其名為中心，其實是一人店面，由於整脊師父善雄待人親切、下手又輕，客戶口耳相傳、源源不絕，除非先預約，否則就只好下次再來。

小如到達整脊中心時，恰好正午十二點，中心的木門已經關起來，小如心想：不過遲到一小時，師父應該會幫我看吧！於是，她拚命按門鈴。

「嘎」地一聲，老木門開了，一位年約三十的男子探出頭來。小如說明來意，男子什麼話也沒說，示意她進屋內。

「王小姐！」男子用一種奇怪的眼光看著她：「妳平常都這樣子穿嗎？」

「是啊，有什麼不對嗎？」小如一邊回答，一邊不自覺地撩了一下長髮，一副很吸引人的模樣。

「脫掉！」男子說。「什麼？」聽到男子的話，小如嚇得暫時停止呼吸，一隻手還插在髮際間，忘了抽回。

「我是說妳的鞋，妳不能穿這麼高的鞋，這樣對脊椎和腿骨都很不好。」

男子一邊說，一邊將名片遞給小如。原來，他就是善雄。

「還有，妳穿這麼緊又這麼短的洋裝，是沒有辦法治療的，請妳先到廁所內換衣服，廁所的牆上掛了幾件運動褲，妳就選擇其中一件穿，穿好後再到治療室來。」善雄一板一眼、有條不紊的說著，語畢，就逕自走到治療室裏。

「什麼？這些褲子簡直是俗透了！」愛美的小如看到一件件酸菜色、寬鬆的運動褲，幾乎快不行了，她很想就這樣離開，又心有不甘，畢竟迷路了好久才找到這裏。

一件碎花短洋裝外加一條老土長褲，唉，這模樣還真是挺好笑的！

「現在我先檢查妳的頭骨。」一躺下，善雄熟練地按著小如的頭。「等一下，我的假髮！」小如驚訝地大喊。說遲時、那時快，小如的假髮還真的掉了下來，在假髮之下，竟是稀疏的髮絲，連白白的頭皮，都隱約可見。

「你……」眼見穿幫，小如又窘又氣，不曉得該說什麼。倒是善雄彷彿沒這回事般。

故事就這麼結束了嗎？當然還沒，因為，小如最後嫁給了善雄，看樣子，還有得治療呢！

至於小如為什麼會看上善雄這個土包子？「沒辦法，誰叫他看到我的真髮！」小如幽默地說。

男人，有很多種。和俊逸挺拔的男人交往，妳覺得沒安全感。和事業有成的男人交往，妳覺得不太放心。和說話圓滑的男人交往，妳覺得無法相信他。和腳踏實地的男人交往，妳又覺得索然無味。

妳發現，喜歡過的男人，雖然不是同一型，卻也不是妳的Mr. Right。到底，女人該找什麼樣的男人，才能放心地將終身幸福交給他呢？

「負責任的。」即將結婚的學妹說。「瞭解我的。」談過五次戀愛的美眉說。「有愛心的。」家中養流浪狗的同學說。

「孝順父母的。」一位很孝順的女孩說。「個性相合的。」親戚說。「結婚？再考慮考慮吧！」已婚的朋友說。

「當然是找懂得生活的囉！」一個男人如此回答。

什麼又是懂得生活？

「當然是懂得視自己薪水多寡，過優質生活的人啊！」男人又補上一句。

妳覺得呢？

幸福小帖

先想想自己希望過什麼樣的生活，它將指引妳找到適合的男人。

沒人想到的第三者

親愛的，當妳識破了真正的第三者後，
自然會減少錯誤的決定。

街頭轉角，停了一輛休旅車。長長的車身，擋住了後頭駕駛人的視線。當一部迷你奧斯汀欲從橫巷駛出，而一部白色賓士正要駛進巷內時……

意外，就這樣子發生了。所幸，兩部車的主人都沒有開得很快，並無釀成慘劇。只是，眼見心愛的車子被擦撞，車主免不了要下車開罵。他們倆，就在下著雨的小巷子內互相指責對方的不是。卻沒人想起，造成這起意外的，其實是那部停在轉角的休旅車。而休旅車的主人（我稱他為：沒人想到的第三者），還不知在那兒夢周公呢！

其實，在情侶之間，也很容易出現「沒人想到的第三者」。因為被上司罵，轉而對男友出氣，偏偏男友也在氣頭上，一場驚天動地的吵架戲於是上演。卻沒有想到，造成吵架的主因，其實是自己不甘於受老闆的氣。因為看到死黨的男友殷勤萬分，於是開始數落情人的不是，當情人也有樣學樣地諷刺妳時，變臉、分手都有可能。

「沒人想到的第三者」有時是別人，有時卻是妳的小我——那個妳不願意承認的內心世界。

親愛的妳，生活中是否也隱藏著沒人想到的第三者？

用心發掘它，當妳識破了真正的第三者後，自然會減少錯誤的決定，幸福也就不遠了！

幸福講座 他的態度怎麼變了

「最近，他跟我講話時都顯得不耐煩！」

「奇怪，他好像開始不滿我的個性！」

「怎麼搞的，他的態度愈來愈惡劣？」

「為什麼他一天比一天沉默？」

縱使是平常做什麼事都很粗線條的女生，在面對感情時，都會變得特別敏感，疑慮當然也特別多。的確，男友一改昔日作風，任誰都要起疑，不過，請別忽略了「所有的事情都不是絕對」的這個事實。

不管他是挑剔你、不耐煩或是言語之中不再那麼有禮貌，都有兩種可能：

一、是他已經把你當自己人，和你說話時自然也沒像以前那樣拘謹啦。

二、是他對妳有些不滿，卻又不知道該不該要求你改變，所以開始對你採取不同的態度。

再以他愈來愈沉默的部份來說，可能是他心情不太好或有心事，或正在沉思中，也可能是分手的前兆，聰明的妳可得睜大眼睛看清楚唷！

Sheil

幸福四號 **希拉**

希拉，這位天神宙斯的妻子，她是婚姻的守護神，並對結過婚的女人給予特別好的照顧，不過，希拉也有嫉妒心，她總是不忘懲罰與宙斯戀愛的女性……

微小說4

再戀一次

屋內，空無一人。轉開玄關燈，倩如快速經過客廳，鑽進房內。她靠著景觀窗，專注地留意客廳的動靜。不久，大門被打開。倩如知道，阿其回來了。隨著再熟悉不過的腳步聲，她開始數著：一、二、三、四……二十。腳步聲在第二十下時停止。

以阿其的步距來說，從大門到阿其的房間共是二十步，只要再多走兩步，就是倩如的房間。可是，他依然沒這麼做，阿其，還是回到了自己的房裡。

倩如的記憶，回到了以前……

午後的陽光照著整個籃球場，就在阿其即將接球的剎那，眼睛竟被強光刺得睜不開，圓滾滾的籃球，眼看就要因為阿其的漏接而出界。若只是出界還好，偏偏將球傳給阿其的，是他們隊上最孔武有力的阿牛。於是，一顆力量無窮的籃球，就在阿其連碰都沒碰到之下，快速地瞄準路過球場的人。

倩如抱著課本，正低著頭往音樂廳的路上快步疾行，突然覺得一陣風吹過來，就在還來不及回應時，橘子色的籃球已經朝她的頭上飛來。

「啊——」瘦弱的倩如那經得起這麼巨大的打擊，整個人就如一張薄紙般地，倒了下來。看到這般情形，隊友們紛紛楞住了，照說，球打到人是常有的，可是，怎麼會有人被打到後就倒地不起，這事可大條了。倏然，只見穿著六號球衣的阿其以百米速度衝到倩如的身旁，一把抱起她往保健室跑。

彷彿睡了很久，倩如迷矇地睜開眼，看見坐在床側的母親。「我……怎麼了？」四周的環境說明了這裡是醫院，令倩如一頭霧水。「別說話，妳有腦震盪，要儘量休息。」倩如的母親說。「哦……」倩如感到一陣暈眩，不久後又睡著了。

再次醒來，倩如忽然覺得很想上廁所，偏偏才一起身，不適感即跟著來。「小心！」一個陌生的聲音傳來。倩如望向身旁，有些迷惑，這個手裡拿著資料的年輕人為什麼在她身旁？大概是實習醫生吧！倩如想。

「我——想——上洗手間，可以請你扶我過去嗎？」「洗手間？」聽到倩如的問題，年輕人楞了一下，然後以一種遲疑的語氣回答：「妳現在……很急嗎？」眼見倩如點頭，年輕人放下手中的資料，慢慢地攙扶倩如下床，一步步走向廁所，然後再一步步扶她回病床。

「謝謝你，醫生。」倩如禮貌地說。「醫生？」聽到倩如的道謝，年輕人突然面紅耳赤回答：「同學，我不是醫生。」「你不是？」這下，輪到倩如緊張了，他不是醫生，那他是？「我和妳同校，是××系的阿其，昨天都是因為我沒接到球，害妳腦震盪。」對方說。

聽到阿其的自我介紹，倩如差點兒沒再昏倒一次，想起剛剛委他幫忙的事，他們倆是靠得如此的近……空氣，似乎就因此凝結了，直到病房的門被打開。「倩如，我才去吃個飯妳就醒了?!」進來的，是倩如的母親，愛女心切的她，完全沒發現倩如和阿其兩人的臉上，都掛著些許的尷尬。

在阿其多次探望及噓寒問暖下，愛苗就這樣快速滋長。雖然阿其和倩如的科系不同，體貼的阿其總會等到倩如上完最後一堂課，然後送她回家。倩如對阿其也挺不錯，得知阿其的打字速度慢，便自行將他的作業拿來打，讓阿其輕輕鬆鬆交差。

登對的外型和濃得化不開的感情，即使是不相識的陌生人，只要與這對情侶擦身而過，都免不了回頭再多望他們一眼。

六月，驪歌輕唱。畢業後，除非繼續升學，男孩子大都服兵役去也。說到兵役，就會令人想到兵變。此時，阿其就成為大家羨慕的對象。因為打球時造成運動傷害，使得阿其只需要服幾天的國民兵，就可以收拾行李回家去。不用在軍營中數饅頭，也不必被老鳥教訓，更甭說兵變啦！

離開校園生活，阿其和倩如都成為社會新鮮人，為了讓彼此有個照應，倆人便合租一層樓住。阿其住的離大門最近，隔壁是倩如的房間，剩下一間則租給另一位房客。

對倩如來說，工作只是一種打發時間的消遣方式，她並不想因為工作而失去個人生活，所以，即使頂著國立大學畢業的招牌，倩如還是選擇了令人跌破眼鏡的總機工作，時間一到就拍拍屁股走人。

反觀阿其可就不同了，他對於工作有一份期待，別人不加班，他加；別人不願做的，他做；別人覺得枯燥煩悶的，他仍然甘之如飴，除非回到家，否則，他全身的毛細孔都只留意工作上的事，可說是標準的「上班一條龍，下班一條蟲。」

正因為對工作態度的迥異，倩如對阿其的抱怨也愈來愈多。不陪她、沒有誠意、不關心她……各種罪名，統統被倩如按在阿其身上。

剛開始，阿其確實有點心虛，覺得對倩如懷抱歉意，還會低聲下氣地安慰她，漸漸地，他感到倩如根本是一個長不大的小女孩，他上班已經夠累了，倩如還要拉著他去吃宵夜，不但一點兒也不體諒他，還找機會跟他吵。

某一天，當倩如又開始嘮叨時，阿其終於發飆，以一種從未表示過的生硬語氣要倩如多體諒他。誰知倩如不但聽不進，還要他從工作和她之中做選擇，聽得阿其滿肚子火，只說了一句：「我們個性不合！」就拂袖而去。之後，倆人再也沒有說話……

「男人，真的都這麼在乎工作嗎？」倩如想起偉明曾經告訴過她，許多男人一工作起來的確會六親不認。「他是工作狂，總比去拈花惹草要好吧！」偉明說。

望著繁星點點，倩如突然覺得自己好幼稚。阿其是如此地認真工作，她不但沒有體諒他，反而還常常找他吵架，增加他的負擔。換作是自己，早就離開了，阿其可以忍這麼久才發作，已經很難得了。這樣的男人，如果還不懂得把握，豈不是笨蛋？

打開門，倩如決定到廚房煮一碗泡麵，然後若無其事地敲阿其的門，就像以前學生時代一樣。

她相信，很快地，倆人就可以和好了！

當天蠍遇到射手

問題根本不在於天蠍與射手，
而是誰都不敢開口求婚。

瑞瑞，一個兼具知性與氣質的美女。她的工作能力強、條件也好、追求者多，只是對於感情，一直定不下。

問她原因，瑞瑞說：「總覺得還不適合。」

最近，情況卻有些不同。認識她的人，都感受到她談戀愛了，向她問起，她一臉甜蜜。

他的長相，她順眼。他的學問，她佩服。他的才華，她傾心。他的工作，她肯定。

更完美的是，他也喜歡她。

「可是，他恐怕不會是我的結婚對象。」頓時，她甜蜜的臉夾雜了一層凝重。只因他曾經語重心長地說：「廝守的天蠍和自由的射手，很難吧！」

聽到這話，她開始懷疑了，覺得他說的或許沒錯。她一向愛自由，不喜歡約束，朋友很多，知道的餐廳和pub也多。他老是待在家中，聽著古典樂，除了公事外，很少見他和誰通電話，知道的總是那幾個大飯店。

可是，一個愛家的男人，不就是她最希望的嗎？

有好幾次，她想著在家下廚，為他做菜的模樣；也有幾次，她勾勒著倆人在家中互相依偎，一起看著愛情ＤＶＤ的畫面。

其實，她也不是那麼的射手啊！瑞瑞想反駁，說她願意為他定下來。卻又怕他認為他們不適合結婚。到時，她豈不是面子全無？

想到這裡，她對他突然沒有了把握。說不定，他也和她一樣，矛盾得不得了。她終於瞭解，問題根本不在於天蠍與射手。而是誰都不敢開口求婚吧！

幸福小帖

面對愛情，
別再縮頭縮尾了啦。

只做情侶，好嗎？

只要妳知道自己要的是什麼，
一定可以找到妳的白馬王子。

長相甜美的安妮，一直期盼夢中的白馬王子快快出現。安妮孝順、不奢侈，並且有一份很好的收入，加上為人重義大方，朋友們都樂於幫她介紹對象。像最近，安妮就有三個「初次見面會」。問她約會後對誰比較有好感，她淡然地笑了。沒回答我的問題，安妮逕自說著別的事。「妳知道嗎？這三個人雖然不是同一個朋友介紹的，卻有許多相同的地方。」

其一，在高科技公司上班，也就是報上常說的科技新貴。其二，言談中自信滿滿。其三，對安妮都表示好感。

講到這裡，或許妳不免好奇，像安妮這麼有異性緣的女孩子，難道沒有男朋友嗎？當然曾經有過，只不過，他們分手了。

原因是：安妮的男友，一點兒也沒有結婚的打算，只想和她維持男女朋友的關係。起初，安妮以為，只要兩人的感情愈來愈好，他就會改變心意。可是交往了四年，不管安妮如何暗示明示，男友還是沒有結婚的打算。他不抽煙、不喝酒、不打牌、沒有出軌、對安妮仍然呵護至極，幾乎是打著燈籠都找不到的好男人——除了不想結婚外。

就這麼拖了一年多，安妮終於死心，決定離開他。怎知，新認識的3個男士，都問她：「不結婚，只交往好嗎？」。

「你知道，我怎麼回答嗎？」我搖搖頭。「我告訴他們：不好。」安妮笑得好自在，想必往事已經不再對她造成傷害。

安妮說，從此，她再也沒有跟這些追求者通電話。「我可不想再浪費五年的青春。」她輕鬆地說。

是的，安妮，只要妳知道自己要的是什麼，一定可以找到妳的白馬王子。

祝福妳！

幸福小帖

只要你想要，
幸福絕對跑不掉。

終究會沖淡

時間，終究會沖淡一切，
在沖淡的同時，新的幸福已然到來。

男孩說：「當兵前，她還淚流滿面地道不捨，誰知我才入伍沒多久，她就說要和我分手，我想不通，當初我們倆的感情這麼好，她為什麼說走說走？」

女孩說：「我很愛甲，可是乙才是適合結婚的對象，如果我選擇了乙，甲能諒解嗎？」

男孩不懂，女孩為什麼琵琶別抱。

而女孩不知，男孩是否能諒解她？

這樣的事情，當然不只發生在這兩個人身上，你、我、他，及我們認識的所有人，都可能遇過相同的故事，都可能產生相同的疑問；或許懷抱種種的怨恨，也或許填滿一肚子的愧疚。

終究，時間會沖淡一切、沖刷所有的愛恨情仇。所以，我對男孩說，等你入社會後，你所處的環境和學校、軍中不同，自然就知道她為什麼選擇離開。

我告訴女孩，既然做了選擇，就不要再去想男孩是否會諒解妳。過了許久許久，男人或許會想起他曾經被人兵變，但看看枕邊的老婆，不免慶幸曾經被兵變。

而女孩，或許會憶起許久許久前曾經「把人家給兵變了」，但看看酣睡中的老公，也慶幸自己做了正確的決定。

時間，終究會沖淡一切，
在沖淡的同時，新的幸福已然到來。

幸福小帖

妳需要的是用心體會
每一刻，而非後悔。

幸福講座

喜歡由女性點菜的是怎麼樣的男人

其實，這種男人正是努力型的喔！

由於太努力於自己的工作或學術，生活的圈圈當然比較窄，在社交方面也變得有一點兒遲鈍，上館子時，通常也將點菜的大權交給女生。

如果，你希望未來的另一半是個腳踏實地的男性，不妨試試與這種型的人交往，但是，「有一好、沒兩好」，他們對於戀愛這件事，也比較呆一點，約會時的話題總是繞著工作打轉，常被人認為沒情調。

偷偷告訴你，這樣的男生比較容易聽進女孩子的建議，是可以讓你慢慢「調教」的喔！

Ao Fus

幸福五號 **奧弗斯**

　　帶著自己心愛的七弦琴，奧弗斯不畏恐懼地來到陰間，以他精湛又充滿感情的琴聲，一心只想救回被毒蛇咬死的新婚妻子尤里西斯……

微小說5

失戀也是幸福

許久，沒有來到這裡。偉明踏進pub，發現昔日的熟面孔消失了。吧台內不見小方，只有一名女Bartendar。正想轉身離去，肩膀突然被拍了一下。「怎麼，來不到幾秒就想跑？」來人說。不需回頭，偉明就知道拍他的人是誰。

坐在吧台前，偉明和小方有一搭、沒一搭地聊起現狀。「唷，大帥哥竟然變成工作狂，真不敢相信！」聽到偉明近日以事業為重，連女朋友都沒有，小方露出不可思議的表情。

「是真的，我現在對感情有些害怕，一切還是隨緣就好。」「那麼，」小方使了使眼色，看向前方說：「你覺得她怎麼樣？」小方口中說的她，正是新來的Bartendar。

・

「我一向對頭髮長的女生有好感，她雖然長得不錯，卻不是我喜歡的型。」偉明老實地回答。「誰問你對她有沒有好感，她可是我要追的！」小方急忙插話。

聽到小方所說，偉明著實嚇了一大跳，他認識小方也有三年了，三年來從未聽過他對那個女孩動心，害他直認為小方是同志，原來他錯了。

「她叫安妮，是我面試的。」小方滔滔不絕地說著安妮的種種，包括他如何對安妮一見鍾情，安妮是如何的善良，又如何地認真……等。

「那，她的家庭背景呢？」偉明好奇的問。「這……」只見小方突然噤聲道：「我也不知道。」

「怎麼會？安妮不是你面試的嗎？」

「因為她說有苦衷，所以我就沒有問她這方面的事。」

「你小心喔，說不定人家是黑社會老大的女兒！」偉明開玩笑地說著。但誰都沒料到，偉明隨口的玩笑話，竟然一語成讖。

下班後，小方走進屋內，環顧四周，再次確定這真的是他的家。七天前，這個地方是亂得不能再亂，地上堆滿了各式各樣的東西，有教人如何調酒的書、有養眼的寫真集、也有散落四方的臭襪子，窗台隨便摸隨便髒，哪像現在這樣整齊清潔？一切的一切，都要歸功於安妮。要不是安妮沒地方住，他不會膽敢請她來家中，當然也就沒有機會和她朝夕相處。

不過，他小方還算是正人君子，雖然同住一個屋簷下，他對安妮有著仰慕，並不想趁機侵犯她。他希望，和安妮的感情能夠慢慢培養，他要讓安妮看到他的好。

除去一天的疲憊，安妮打開電視。電視上正播出某個黑幫老大出殯的畫面。

「哇，沒想到黑社會老大出殯，前來弔喪的人竟然多成這樣？」小方看了驚訝不已。「無聊！」安妮急忙將電視轉台。「說的也是！」小方附和著，卻沒有發現安妮的臉上，已悄然湧現一種悲傷的表情。

Pub裡的同事們，都交頭接耳地說小方談戀愛了。可不是嗎？平常打扮隨便、穿著邋遢的他，竟開始噴古龍水，再看看身上穿的衣服，還是名牌呢！這天，小方照樣載安妮回家，一路上，安妮悶不吭聲。

她的反常，讓小方不安，直覺有什麼事要發生。一到家，安妮馬上回房，令小方滿頭霧水，不知道自己到底做錯什麼，得罪了安妮小姐。杵在客廳的小方，從未嚐過戀愛滋味，對女人的心態也不甚熟悉，只能坐在沙發上乾著急。

「不行，不問個清楚，根本睡不著！」小方喃喃自語。從沙發起身，走到安妮房前，小方輕敲門。「安妮，我知道妳還沒睡，告訴我妳怎麼了，好不好？」小方見安妮不理他，愈說分貝愈大。依然沒有回應。

「安妮，妳再不開門，我就要衝進去了。」小方卯足吃奶的力氣，轉著門把，用力撞門。結果，安妮根本沒有鎖門，用力過度的小方，一時控制不住全身的力量，吃了個倒栽蔥。

抬起頭發現，安妮就蹲在他的正前方。她的臉上滿是淚水。「究竟是誰欺負妳，告訴方哥，我替妳作主。」小方不忍地問。安妮搖搖頭。「來，先坐著，我們好好說。」小方扶起安妮坐在床沿。「方哥，」安妮哽咽地吐出一句話：「人家都說你談戀愛了，是真的嗎？」

哇，好霹靂的問題，害得小方一時回答不出來。「你沒說話，就表示是真的。」安妮說。「這……也不算啦，因為，我不知道對方喜不喜歡我。」小方摸摸頭說。「你人這麼好，不但收留我，還讓我住你的房間，自己跑去睡客廳，對方一定會喜歡你的。」聽到安妮這麼肯定，小方不禁喜上眉梢，她肯定他，不就表示不討厭他嗎？等等，這件事跟安妮哭花了臉，有什麼關係？

「安妮，妳別故意撇開話題，妳還沒告訴我，妳今天是怎麼啦？！」

「我……我在想，如果方哥跟那個女生一拍即合，那他就會搬進來住，到時候我要去哪兒？」安妮說著說著，又流下眼淚，脆弱的模樣，讓小方不由得展開雙臂，擁她入懷。「別哭嘛，妳想不想知道我喜歡的人是誰？」小方以一種八百輩子從未有過的緊張口吻說：「這個人就是，妳，安妮。」突然，安妮不鬧了，房內靜悄悄的，只聽得到小方的心跳聲。

小方窩在沙發上，回想著剛才發生的事情。就在他向安妮告白後，安妮竟然什麼也沒說，許久才以一句：「我……我想睡了，晚安。」來打發他。安妮的反應出乎小方意料之外，他搞不懂，安妮到底是怎麼樣的女人？

「你不懂？」聽到小方的敘述，偉明一副很明瞭地說：「依我看，安妮很會釣男人，尤其是你這種純情男。」「你別亂說，她才不是。」小方激動地反對。「她不是？她不是會賴在你家，吃你的、喝你的、用你的？」「這……」小方啞口無言。「而且，你認識她也一個多月了，到現在，你連她是何方神聖，什麼來路都不清楚。」

偉明的一段話，讓小方也迷糊了，的確，每次他與安妮聊起她的家人時，安妮就閃閃躲躲地把話題岔開，說什麼也不願意讓他知道。「欸，對了，我說這位安妮小姐今天怎麼沒來上班？」偉明問。「她今天身體不舒服，請假。」「請假？說不定昨兒個領薪水，今天就落跑。」偉明落井下石地說。雖然是玩笑話，偉明的猜測還是讓小方有些疑慮，他向公司請了假，提早下班。

中午。偉明和小方相約在東區的一家餐廳。

「什麼事，這麼急著Call我。」偉明才坐定，就看見失神的小方。

「被你說中了。」小方苦情地丟下這麼一句話。「安妮……跑了？」偉明猜測著。「沒錯，還有，她爸爸是黑幫老大。」小方邊說邊遞給偉明一張紙。是安妮的筆跡。

方哥：

以不告而別的方式離開你，希望你原諒。那天，你看到電視上出殯的黑幫老大，其實就是我的父親。阿彥，是我父親最信任的手下，我們認識了十五年，感情相當好。自從父親被暗殺後，我害怕阿彥會步上父親的後塵，於是要他在我和黑幫之中選擇。沒想到，他竟然選擇繼續在幫派裡混。因此，我帶著身上僅有的五百塊離開他。就在最無助的時候，你出現了。我愛你，可是，這種愛就像對哥哥的愛一樣。自私的我，曾經害怕你另交女友，但，當你說你喜歡的人是我之後，我才發現，原來，我是多麼地無法忘記阿彥。在經過一番掙扎後，我想，我會回到他身邊，請你不要再找我。無論如何，謝謝你，我會永遠記得你對我的好。

安妮

看完了信，偉明無言以對。自認口才不錯的他，一時之間也不知該如何安慰小方。倒是小方先開口：「別替我難過，我一直希望安妮做個幸福的小女人，如今，她選擇了她要的幸福，這也算是我的幸福。」

「説得好，老弟！」偉明拍拍小方。

陽光灑在餐廳的桌面上，兩個男人的友誼，因為幾次的分享心事，又更加深了一層。是的，即使輸了愛情，也不要忘記，世上還有友情。

幸福小帖

每個人都有自己的幸福記憶，不妨寫下來成為你自己的幸福記憶筆記。

離開的時間

有一天，妳會離開他的，

至少，他和妳總有一人會先上天堂！

螢螢，是一個古典型美人，不但長相古典，連個性也很「阿信」——尤其在愛情方面。每次，當她抱怨男友的種種時，朋友們都會義憤填膺地要她離開他。偏偏下一次見面，她開口閉口，說的仍是這個男人。

讓她在六度低溫的街頭等了一個小時的，是他；

讓她懷著恐懼的心情獨自一人上婦產科檢查的，是他；

讓她痛徹心扉、幾度自殺的，也是他。

離不開他，就像是得了骨質疏鬆症，卻依然戒不掉咖啡般；
離不開他，就像是蝴蝶掉進蜘蛛網，愈想動就愈動不了。
朋友罵她想不開，她自己也急了，問我：「為什麼我就是離不開他？」

我能說什麼呢？

若說是妳自己痴，也不是，畢竟他也曾對妳好到讓妳掉淚。
若說是妳自己傻，那也不是，因為他也曾經為愛付出許多。
就說是因果未了吧，這樣，妳是否會好過一些？

如果，妳還是想離又離不開，那麼別急，
有一天，妳會離開他的，
至少，他和妳總有一人會先上天堂！

幸福小帖

無論如何，
都別勉強自己。

女人很好哄，男人很好騙

究竟是他哄了她？她騙了他？
還是她哄了他？他騙了她？

一次大吵後，他們離開了同居的地方，各走各的。她到同學家借住，並向同學哭訴。

「男人很好騙的，回去後，妳就讓他一下，他說什麼，妳就答什麼。」已婚的同學這樣告訴她。

他則到朋友家下榻，並向朋友叫苦。「女人很好哄的，回去後，你就對她説説好話，她自然就愛死你了。」已婚的朋友這樣告訴他。

第二天，因為不好意思再打擾人家，他決定回到和她同居的小窩。

一打開門，發現燈已經亮著。她坐在客廳，若無其事地看著報紙。他想起朋友説的，決定哄哄她。「今天這套衣服，挺漂亮的！」當他哄她時，她想起同學説的，決定騙騙他。「謝謝，你這套西裝，也很帥氣呢！」於是，他們和好了，誰都沒有提起，對方身上穿的和昨天穿的，根本是同一套。那，究竟是他哄了她？她騙了他？還是她哄了他？他騙了她？

幸福小帖

偶爾，
也哄哄另一半。

怎樣才算對不起？

不管再怎麼混淆的戀情，
只要妳願意表明，問題也能很快地解決。

小琪跟男友提分手，她告訴我：「說真的，我對不起他，他對我那麼好，我卻和他分手……」

他對她的確是好，送電腦，送CD音響，每日溫暖的早餐，以及永遠體諒的肩膀。正因如此，以致於她雖然早就蘊釀好分手的說詞，卻在一年後才派上用場。

想起他不敢置信的神情、急於挽回的拙詞，她再度流下歉疚的眼淚。問她，還愛他嗎？她搖搖頭說：「分手後，我才知道我對他根本沒有愛。」小琪人承認，她愛的，只是他對她那無微不致的體貼。正因為如此，分手後，她反而感到心虛，覺得自己利用了他、對不起他。

「不，妳並沒有對不起他。」我說。

如果，有了新情人卻遲遲不說，那是對不起他，而且，也對不起自己和妳的新情人。不管再怎麼混淆的戀情，只要妳願意表明，問題也就能很快地解決。妳不再對不起他，也不會對不起自己，和妳的新情人。

當你明白這一切：輕言說對不起是很不智的，否則，每說一次，歉疚又將深一層，雖然妳不再愛他，他卻跟著妳，成為妳一輩子的罪惡感。

而他，或許早已將這件事收在回憶的箱子內，只是妳不知道罷了。

善變時請注意

畢竟，自己不想做的事做久了，也會有「奇檬子」不好的一天，同樣道理，說不定妳的「阿那答」也會因為情人節過煩了，而展翅高飛，尋求自由。

什麼節可以過三次？答案是情人節。這話怎麼說呢？二月十四是西洋情人節，農曆七夕是中國情人節，再加上日本三月十四有個白色情人節，所以就變成一年過三次情人節啦！

情人節做什麼好呢？這可得用心思考一下了，否則，就會像小玉跟阿倫一樣……為了即將到來的情人節，小玉很早就打電話到位於天母的某知名法國餐廳訂位，隨著節日的逼近，小玉開始緊張了。

「阿倫，情人節那天，你會穿什麼衣服？」小玉問。「幹嘛，妳想跟我穿情侶裝嗎？」阿倫聯想。「不是啦，因為這家餐廳很高級，你最好穿西裝、打領帶。」「穿西裝？」阿倫差點兒跌倒在地，他這輩子還沒穿得這麼正式哩！

為了讓自己美美的，小玉除了囑咐阿倫外，也花大錢買了一件小禮服，她幻想著，阿倫一定會對她讚賞一番。誰知，事情完全不是這麼一回事。

首先，全台北的情侶似乎都在情人節出現，通往天母的路上，簡直是塞得不得了。走走停停地到了餐廳，得到的卻是車位已滿的消息。阿倫和小玉在天母繞了快一小時，終於找到一個空位，而這個車位，離餐廳可是遠得很。生平第一次穿高跟鞋的小玉，挽著阿倫的手一拐一拐地走進餐廳，才坐下就發現更大的考驗就在眼前！

桌上擺滿了近十支刀叉，要先用那一支？阿倫和小玉面面相覷，沒吃過正統法式菜的兩人，就這樣過了一次又累又提心吊膽的情人節。

不曉得是誰發明了情人節，反正，每次情人節前夕，就有許多男人聚在一起商量兼吐苦水。商量什麼？當然是問問老鳥們都怎 麼企劃情人節，好好學習一番。吐什麼苦水？當然還是為了情人節！誰叫女友老早就在明示暗示，不來點禮物慶祝，似乎很對不起她似的，而這種不爽的情緒又不能在她面前發表，只好來段Men's talk囉！

如果，妳的男友也是Men's talk團中的一員，那麼妳可得小心了。畢竟，自己不想做的事做久了，也會有「奇檬子」不好的一天，同樣道理，說不定妳的「阿那答」會因為情人節過煩了，而展翅高飛，尋求自由。為了情人節而失去一個好男人，是很可惜的。

情人節和男友哪一個重要？相信聰明的妳必定知道。

幸福講座

不說笑話的男人

「哎呀！我的男友真無趣，約會時都不會說笑話！」

對許多女性來說，跟一個不懂幽默的男生交往，真的挺無聊，不過，你知道約會時連一句笑話都不會說的男人，對感情是怎麼看待的嗎？

日本的婚姻諮商專家島田一男認為，這類型的男生正是婚後不會外遇的那一型。連句笑話都不會的男性，雖然比較不擅交際，卻很有耐心，是那種不到最後關頭絕不放棄的人。

或許是因為覺得無趣的原因吧！這類型的男性並沒有什麼知心朋友，因此，當他有了要好的對象時，會將所有的精神放在女友上，一天打個三通電話是很有可能的，甚至會因為太愛你而想將你佔為己有，或者做出一些令人想像不到的事。

雖然是隻呆頭鵝，卻會把妻子當成是他一生最重要的支柱，當然也就不容易外遇啦！

幸福小帖

就讓天天都是情人節吧！

Dian

幸福六號 **黛安娜**

月神黛安娜，聽見牧羊人安笛米恩溫柔的歌聲而戀愛了！可是，安笛米恩是個平凡的地球人，即使現在他還年輕，終究會老、會死。於是，深愛著安笛米恩的黛安娜請求父親賜給安笛米恩不朽的生命，終於，她成功了……

微小說6

愛神上心頭

這裡是國內首屈一指的AB廣告公司。公司名氣響，案子多，客戶大，內部菁英也不少。做廣告是很現實的，廣告設計得好，人人想拉你跳槽；廣告做得不好，不但被同行批評嘲笑，身價也一落千丈。

偉明，就是在這樣的公司裡生存。最近，AB廣告上上下下都人心惶惶。消息來自於總經理秘書小柔，據說，董事長對於老總的表現不滿，除了要他自行辭職外，還極力向國外廣告公司挖角。

原本，大家對小柔的消息抱著觀望的態度，畢竟總經理在公司已經二十年了，沒有功勞也有苦勞，董事長怎麼會不念情份趕人？

可是，當看見老總糾結著一張臉，悶悶地收拾辦公桌時，大家不得不相信小柔的話。連老總都會捲舖蓋走路了，接下來不知道會輪到誰？

這下，小柔有點兒得意，開始散佈她所知道的消息。「咱們的新總經理，還在國外得過廣告獎喔！」「新來的總經理姓謝，名正傑，聽起來是個帥哥。」「聽說他很嚴格，這下，我們可不好受了。」種種小道消息在公司內部流傳，大家對於新上任的總經理，都抱著既期待又怕受傷害的心情。

星期一，例行會議。董事長煞有介事地上台，向大家宣佈新的人事消息。「現在，就讓我們以最熱烈的掌聲，歡迎謝正傑總經理。」掌聲中，只見一名穿著黑上衣、黑長褲的女人從從容容地走上台。「欸，有沒有搞錯，謝正傑是個女的？」偉明的同事小胡以手肘碰他，悄悄地說。

「各位同事，大家好！」謝正傑的聲音既冷又硬，不帶一點情感。

「好……」大家仍處在跌破眼鏡的階段，回答得零零落落。「我聽說AB廣告是國內最棒的廣告公司，怎麼大家一早就這麼沒精神？」雖說第一天上任，謝正傑倒也不客氣，開口就給人下馬威。

「哇靠，這女的還真搖擺。」小胡拉著偉明說。

正當偉明開口回應小胡時，卻見謝正傑盯著他看。「這位同仁，你叫什麼名字？」「陳偉明。」「偉明，請問，你不覺得在台下講話是很沒有禮貌的事嗎？」謝正傑冷冷地說。

會議結束，小胡以內線打給偉明，表示抱歉。「沒關係，又不是你的錯，這婆娘只是想找個人殺雞儆猴罷了。」偉明說。「你可是AB廣告的第一把交椅耶，她竟然敢拿你開刀？我看她是搞不清楚狀況！」小胡忿忿不平地罵著。

「你別氣了，現在是她拿我開刀，過了今天，還不知道是誰讓誰下不了台？！」偉明邊說邊轉著原子筆，說到得意處不留意，筆就這麼掉在地上。

低著頭撿筆的偉明，冷不防看見地上出現一雙黑鞋。順著鞋子往上看，是新來的總經理。偉明不慌不亂地掛斷電話，皮笑肉不笑地說，「謝總光臨，有何指教？」

「一道吃中飯。」謝正傑回答的直接了當，倒讓偉明嚇了一跳。餐後，偉明進到公司，就招來大家異樣的眼光。不用說，想必是小柔到處宣傳的結果。

整個下午，偉明的電話響個不停。大家東扯一句、西扯一句，結果都繞回同一個話題：謝總到底說了什麼？

「沒說什麼」偉明回答。

「沒說什麼？那她找你吃飯幹嘛？」大家一頭霧水

說真的，連偉明自己也納悶，她找他吃飯，卻只說些無聊的話，比如台灣最近變了很多等等，跟工作一點關係也沒有。「這婆娘到底在玩什麼花樣？」想到此，偉明突然覺得全身起雞皮疙瘩，有一種即將陷入圈套的感覺。

初春，是AB廣告最忙碌的季節。由於AB廣告的大客戶有一半會在此時簽約，大家無不絞盡腦汁，期待企劃出最好的廣告，除了穩固原本的客戶外，還希望簽下新客戶。『萬萬保險套』就是AB廣告多年想簽卻簽不到的大ㄎㄚ。

「各位，今年，我們一定要拿到更多的合約，讓公司的業績更輝煌，請大家多多配合，好不好？」會議上，謝正傑帶著大家誓師。

「好！」大家的情緒High到最高點，一副要吃下所有廣告合約的模樣。

「既然同事們這麼有心，當你們回到座位後，會發現有一封我發給大家的信件，請按信件上的分配進行廣告案，散會！」大夥兒楞了一下，意會到總經理所說的事後，紛紛趕著離開會議室，急著看看她發的e-mail上面寫些什麼

「搞啥玩意兒？要我們重新分組？」速食店內，小胡吃著漢堡，口齒不清地說。「真是莫名其妙，把我和阿芬放在同一組，我們可是死對頭耶！」小王說。「對了，你跟誰一組？」發現偉明沈默不已，小胡好奇地問。

說真的，偉明一看到e-mail時，差點兒以為自己眼睛脫窗，他怎麼會跟謝

正傑同組?還負責「萬萬保險套」的廣告案?!

不，應該說，謝正傑為何挑他?「咱們這位女俠該不會愛上你了吧!」小胡捉弄偉明。「拜託，誰會喜歡男人婆，就算送我，我都不要。」偉明說。

距離正式合作已經半個月了，偉明發現，謝正傑其實不像她的名字那麼地剛烈。雖然遇到意見不合時，她會嚴格分析案子的利弊，但對他仍然不失尊重。此外，一向不服輸的偉明也不得不對謝正傑的專業和企劃力抱以佩服的態度，她的確比他周延得多。「不過，工作歸工作，我會稱讚她並不表示我會喜歡她!」偉明對好奇的小胡說。

可是，他錯了。就在偉明聲明他絕對不會愛上謝正傑的當天，一件令他意想不到的事情發生了。話說，偉明絞盡腦汁，好不容易想出一句自認為可以釀成旋風的廣告詞，到了謝正傑口中，竟被批評成一點創意都沒有的失敗造句。

「請你回去重新想一想，好好地!」謝正傑將案子遞回給偉明。

本來以偉明的修養來說，他還真的會再想其他廣告詞，可是，今天不知怎麼地，偉明對正傑的態度很不滿，包括她坐在椅子上不可一世的姿勢，以及她說要他「好好地」想，彷彿他很混似的。為了證明他是對的，偉明決定跟謝正傑槓上。站在她面前，他怒氣沖沖，眉毛也跟著往上挑。

「怎麼，還不回去？」謝正傑冷冷地說。「除非妳告訴我這廣告詞是那裡失敗。」氣到極點的偉明，再度將案子遞回給謝正傑。「這麼大的錯誤，你若看不出來，我也沒辦法！」謝正傑說什麼也不收回案子。

「妳……」憤怒中的偉明不知那來的膽子，竟然向謝正傑逼近，抓起她的雙手，打算強迫她拿回檔案夾。

謝正傑顯然沒料到偉明會如此，一個不小心，竟連人帶椅地往後倒。而正抓著她的手的偉明，也因為重心不穩，跟著跌下去，並且就撲倒在她的身上。

「你……」謝正傑不知道該說什麼。

這樣的情況，是偉明始料未及的，可是……

偉明看著被他壓倒在地的謝正傑，她的眼鏡掉落在旁，她的髮髻也掉了，露出一頭瀑布似的長髮，跟平日那個威風凜凜、男人婆樣兒的總經理，簡直判若兩人。

「你可以起來了吧！」還是謝正傑先回神。

聽見謝正傑的話，偉明才發現自己是多麼地失態，他急忙起身，卻無法控制自己的盯著她瞧。回到家中，偉明的腦海一直重覆著剛才發生的種種。不得不承認，在這幾次討論廣告案時，他對她的好感已經慢慢萌芽。

至於她呢？偉明自信地認為，謝正傑就算對他未有男女之情，至少也有欣賞之意，否則，她為什麼要找他吃飯，又為什麼要他和她一組？

「看來，我得好好計劃計劃，才能贏得她的芳心！」偉明想。

的確，工作固然重要，感情也不能擺一邊！

真的在乎學歷嗎？

妳真的在乎學歷嗎？
如果是，那麼，有多在乎？

「我決定，不再和他交往了。」女孩輕攪著咖啡杯裡的冰糖說。大家一臉驚訝，他明明是個好男人，女孩怎會放手？

「我媽媽不贊成啊！」女孩的男友和她原是同班同學，大一來電後，從此交往了四年，感情穩定到人人以為他們會共步紅毯。偏偏，畢業後，女孩考到研究所。男孩則準備當兵，沒有繼續升學的打算。於是，女孩的母親說話了，認為倆人的學歷有差距，不希望她和他在一起。女孩說這話時，其實不光只是媽媽的因素，她早有其他的想法，所謂的媽媽反對，只是離開他的藉口罷了。

但如果妳和她不一樣，仍然還愛他，對學歷卻有著拋不開的迷思時，不妨想想：妳真的那麼在乎學歷嗎？如果是，那麼，有多在乎？是非要他高妳一等不可？還是與妳相等就好？或者差不多就可以？

如果，他的學歷比妳高，生活能力和上進心卻比妳低，甚至影響妳，讓妳變得退步，妳要不要？如果，他的學歷不及妳，學習力和生活體驗卻比妳豐富，妳還會將他摒除在外嗎？這麼想，他的學歷比妳高，還是比妳低，就不是真的那麼重要了。

幸福小帖

可別因為一張紙而遺憾終身啊！

想結婚，沒有理由

結婚或許不需理由，

然而，再怎麼想結婚，也須找個想結婚的對象。

晚上八時，莎從山上別墅開車下來。

「幫我占卜，好嗎？」莎問。

憑著兩人的默契，我想莎一定是遇到難題了。我告訴她占卜到的種種，試著讓莎自己替自己找到解答。

「說真的，我好想今年結婚。」莎告訴我。「可是，妳有想過結婚後的生活嗎？」「沒有，我只是想結婚，沒有理由。」「那，妳會跟他結婚嗎？」我所說的他，是莎目前正在交往的對象。「不一定吧！」莎說。

望著莎不太肯定的表情，我想起了玲。玲大學畢業也有三年了，從來沒有談過戀愛的她，最近終於嘗到初戀的滋味。

可是……可是，兩人在一起才三個月，男方就說要分手。剛開始，玲很難過，不曉得自己那裏不對，為什麼初戀僅短短三個月就結束。等到頹靡的情緒稍稍平復後，取而代之的，竟是想結婚的衝動。她甚至跟一位男性朋友約定：假如五年後男未娶、女未嫁，咱們倆就結婚吧！

妳，曾經也有過這樣的心情嗎？

只是想結婚，雖然沒有理由。只是想結婚，縱使還不確定對象是誰。反正，一顆孤寂的心靈好想靠岸，假期節日也不想一個人住，有時，是害怕無止境的戀愛下去，或者，工作上遭遇到不如意……。

不管是像莎一樣想今年結婚，或是像玲一樣預約五年後和某人步上紅毯，

結婚或許不需理由，然而，再怎麼想結婚，也須找個想結婚的對象。

幸福小帖

想清楚再結婚，
跟結婚後才開始想清楚，
你選那一個？

真正的距離在情人的心裡

真正的距離不在於高雄台北，
不在台灣加拿大，而在情人的心裡。

曾看過這樣一段話：世上最遙遠的距離不是生與死的距離，不是天各一方，而是妳不知道我愛你。但，對於彼此相愛的人，真正的距離又是什麼？

一天下午，很難得，接到學弟的電話。無須太多廢話，學弟單刀直入地說：「現在才發現，沒有女友很煩，有女友也煩！」

學弟給我的印象總是斯斯文文、很有禮貌，他的一番話，倒讓我嚇一跳。

原來，他在一年前交了個女友，女孩子小他六歲，很文靜、很乖，也很有人緣。擁有人人誇讚的女友，學弟當然走路有風，只是日子一久，愛情的煩惱也隨之而來。

由於工作之故，他必須南下，而她卻因為仍在台北就學，無法跟著他去。剛開始，學弟每個星期都會回家，表面說是不捨家人，事實上是和女友約會。兩人，也的確有那種「一日不見，如隔三秋」、「一星期不見，愛情更濃」的感覺。隨著工作量的增加，學弟北上的機率漸漸減少。然後，他的小女朋友開始「有些聲音」。

比如懷疑他是不是故意留在南部？是不是不像以前那樣喜歡她了？

有一次，學弟和女友口角，當天晚上，學弟和昔日同窗好友外出吃宵夜，被女友知道後，她以「我都難過得輾轉難眠，你卻能若無其事的出去吃東西」來怪他不在乎她，還說這都是兩人一南一北的距離害的。

「她到底有沒有想過，我現在工作賺錢，說到底還不是為了我們的將來？」學弟嘆了一口氣。「再這樣下去，我看，我們的距離真的會愈來愈大。」學弟接著說。

你呢？有沒有遇到類似的問題？當感到兩人之間有距離時，你會怎麼做？何妨仔細想想，所謂的距離，從何而來？有時，距離來自於自己的胡思亂想：有時，距離來自於自己的不安和沒自信。但不管兩人是否有距離，真正的距離不在高雄台北、不在台灣加拿大，而在情人的心裏。瞭解這一點，你就會更懂得經營感情。

幸福小帖

用心拉近彼此的距離吧！

初戀，最美

每次的初戀，也都是最甜最美的。

曾經看過一幅漫畫，畫中的男孩向女孩子求婚時說：「跟妳比起來，我和第一個、第二個、第三個、第四個女朋友，都不算初戀！」

如果，你的情人也如此告訴你，你會怎麼想？是很高興他把你當成第一？還是嫉妒他曾經交往過那麼多對象？或者懷疑起你會不會是他永遠的初戀？

那麼你呢，當被問到「初戀在什麼時候」的問題時，你是否能馬上回答？

還是開始猶豫：到底那一個人才算是我的初戀呢？

小學時，喜歡的那個人，有著陽光般的燦爛笑容。「雖然我很喜歡他、他也很喜歡我，但這應該是兩小無猜，說不上初戀吧？」你想。

中學時，暗戀著的，是學校裡的風雲人物。「既然是暗戀，那也不能當做初戀看待吧？」你說。大學時，與你出雙入對的，是讓你感到好窩心的那個人。「可是，卻也是維持沒多久就結束。這麼短，可以算是初戀嗎？」你有點疑惑。

到了社會，身旁出現的他，既體貼又浪漫。「可惜，沒有被電到的感覺，所以，大概也不能說是初戀！」你如此認為。

這麼看來，你，沒有初戀囉？「可是不對啊，我明明就談過戀愛了，怎麼會沒有初戀？」你開始矛盾。

其實，真相是，親愛的你，想的太多了。

如果不管明戀暗戀、不管年紀、不理時間長短、不一定要有觸電的感覺，每一次都可以算是初戀——跟不同的人的初戀。而每次的初戀，也都是最甜最美的。

下次，如果你遇到一個人回答「跟妳比起來，我和第一個、第二個、第三個、第四個女朋友，都不算初戀！」時，請別只看到他之前交往過多少個女友。想想至少，人家要誠實多了，是不是呢？

幸福講座

你的男友喜歡和你手牽手嗎？

平常走路時，你的男友會不會拒絕和你手牽手？還是他總會先牽你的手，不願意放開？

知道嗎，喜歡與女友牽著手的男性，不但是個情感豐富的人，也是個值得託付的對象，因為他重視你，真心和你在一起，所以喜歡和你手牽手逛大街。

不過，有一部分的男性是因為戀母情結使然，才喜歡握女生的手，這點可要好好地觀察。

至於不喜歡與你牽手的男生，難道就是不忠厚的人了嗎？當然不是。

有的人是太尊重女生，所以不敢牽手，有的則是覺得在大庭廣眾下牽手會讓他害羞，這兩個原因都是可以理解的，大可不必太在意。

但，有一種男性卻值得注意，那就是不管交往了多久、約會多密集，仍然不和你牽手的男子。

這類型的人，可能是有某種旁人無法瞭解的因素，也或許對女性的想法存在著極度的大男人主義，身為他的女友，最好是多加留意，觀察他為什麼不願意和你牽手。

Europ

幸福七號 優洛芭

天神宙斯看著一群美女在草原上跳舞，其中一人的美貌和舞姿，又比別人要來得更加出色。她，就是優洛芭一腓尼基國的公主。當邱比特的箭射向宙斯後，他瘋狂地愛上了優洛芭，便化身成一頭長相可愛、個性溫馴的牛，接近優洛芭……

微小說7

新戀情

電梯來到九樓。出了電梯，來到右轉第二間，謝正傑打開房門，走進去。沒有開燈，倒是先用遙控器按了CD，一首「nothing gonna change my love for you」隨著喇叭播放出來。靠著皮沙發，謝正傑一如往常地將手伸到頭上，這才意識到她的髮髻早已解開。

事情是怎麼發生的？謝正傑回想著稍早上演的那一幕，憶起偉明看她的眼神，以及兩人僅隔著衣服的碰觸……察覺到自己的臉紅心跳，謝正傑急忙倒了一杯紅酒，思緒也飛到一年前的冬天。

地點：美國／時間：聖誕節／人物：Gin和David，以及雙方家人聖誕節，原本就是一個令人充滿期待的日子，在Gin的堅持下，David也順著她的心意，決定在晚上用餐時給雙方家人一個驚喜，宣佈結婚的消息。為了迎接這個時刻，從很早以前，Gin就開始想著，聖誕節當天要穿什麼衣服。她逛了好幾家店，最後才選定一件金黃色的低胸緊身禮服。

當精心妝扮的Gin出現在大家面前時。David的家人無不被她的美麗而感到驚豔，隨之猜測是不是有好消息要宣佈……就在Gin陶醉在眾人的讚美時，David卻故作神秘地要大家別亂猜。

「你還真會賣關子」Gin對David咬耳朵說。

隨著時間一分一秒過去，聖誕聚會也在大家互拆禮物的歡樂時光中劃下句點，David且還是什麼都沒說。

「為什麼不說？」聚會結束，在送Gin回家的路上，她不解的問。「我們不能結婚。」遲疑了許久，David開口。David的一句話，仿彿冰塊般凍住了Gin的心。事情來得突然，令Gin一句話都說不出口。「Why？」直到抵達家門口，Gin終於說話了。

「Because I love your sister。」聽到David的告白，Gin簡直懷疑自己是否聽錯，久久無法置信。「為什麼？」一進到家門，Gin一把眼淚、一把鼻涕地跑回房。

「妳都知道了？」門口，一陣溫柔的聲音傳來。「妳是我最親愛的姊姊，為什麼要搶我的男朋友？」Gin回過頭，對著姊姊謝正傑大罵。「我……」邊來不及解釋，Gin已將房門鎖上，任誰都不理。

「Gin！」一陣驚慌的呼喊聲，劃破了寧靜的早晨。

認出了聲音來自母親，謝正傑急忙循聲跑去。母親站在Gin的門前，不敢相信眼中所見。Gin割腕自殺了！從急診室出來，醫生告訴大家，Gin沒有生命危險。往後，在復原的日子裡，Gin總是對謝正傑不言不語，甚至以仇恨的眼光看她。

為此，謝正傑自責不已。她和David的感情也告吹。因此，當她得知舅舅的公司需要一位廣告人才時，便拋棄現有的高薪，二話不說地從美國飛到台灣。她告訴自己：此後絕不再談感情。可是……

「你不要一直盯著我瞧。」餐廳裡，謝正傑對著坐在她對面的人說。在她對面的，不是別人，正是偉明。

「我在想，」偉明嘻皮笑臉地回答：「妳明明很有女人味，幹嘛要把自己弄成一副兇狠女的模樣？」「你管不著。」謝正傑武裝自己。「好吧，既然妳想當女強人，」偉明舉起酒杯說：「就把它乾了，看誰先投降。」「乾就乾，誰怕誰？」昨晚的回憶太傷人，害得今日謝正傑仍無法撫平情緒，既然有人作陪，她乾脆來個不醉不歸。

翌日。謝正傑睜開眼，馬上發現天花板的顏色變了。不對，這不是她家，這是那裡？

「早安，總經理。」偉明將柳橙汁遞給她。「這是你家？」謝正傑猜測。「沒錯。」「為什麼？」謝正傑丟出了3個字「妳是想問為什麼會在我家，還是想知道為什麼會躺在我的床上？」偉明故意文不對題。

「昨天……」謝正傑依稀記得她要和偉明拚酒，然後呢？「昨天，妳喝醉後，突然跑到我懷裡大哭，要我載妳回家，說真的，妳那時候的模樣好溫柔喔！」偉明接著說。

「我是要你載我回我自己的家吧！」不理會偉明的稱讚，謝正傑冷冷地說。「不管是不是，反正我又不知道妳家在那兒，當然是回我的家囉！」偉明聳聳肩。「那我們……」謝正傑話說到一半，突然噤聲。

偉明知道，她想問的是「我們有沒有上床？」不過，他可不會那麼快就給她答案。

「我們都大了，可以為自己的事負責。」偉明正經八百的說。

「你是說……」謝正傑的語氣充滿了緊張。

「我說的是本人想出來的『萬萬保險套』廣告詞啦！」偉明解釋。

偉明的回答，讓謝正傑鬆了一口氣，這死偉明竟然敢捉弄人。謝正傑喝了一口柳橙汁。

真純！她打量著身旁這個男人，他的眼神表明了對她的仰慕之意。

嗯，冬天也過得夠久了，或許是該好好地享受春天囉！

能否不要就是不要

當放下該放下的，緊握該握的，
人生，將會更簡單。

每當假日或微風輕吹的夜晚，常常可以看見新手父母推著嬰兒車在校園內漫步。嬰兒，是最純真的，從嬰兒的身上，也看到了許多人的天性。一歲的小嬰兒吃東西時，看到愛吃的就張開嘴，遇到不愛吃的就趕快吐出來表示不要，沒有一絲勉強。

對這麼小的孩子來說，喜歡就是喜歡，不喜歡就是不喜歡。奇怪的是，當孩子長大後，往往變了樣。喜歡的不見得表現出來，不喜歡的也可能會握在手中不放，尤其是對感情的態度。

自從那天，爰爰在圖書館撞見小山後，她就對他一見鐘情。為什麼說是撞見呢？還不是因為貪心的爰爰，以為自己拿的動那五本又厚又重的百科全書，結果一個重心不穩，只見三本百科啪啪啪地砸在小山的腳上和身上。兩人，也因此不砸不相識。爰爰將這件圖書館奇遇告訴好友小如，誰知小如聽了，馬上追問爰爰是不是喜歡小山。

「我可以幫妳傳話喔！」小如神秘地說。原來，小如和小山是鄰居，她自告奮勇地要為爰爰牽紅線。在小如的熱心湊和下，爰爰和小山終於成為一對。

「其實，我很難過！」小如告訴我。原因在於，小如從很早開始，就已經暗戀著小山了，只是，小山總告訴別人，小如是他的小妹妹。

「所以，妳沒向他表白過囉！」我問。小如點點頭說：「這兩個都是我最喜歡的人，我應該祝福他們！」

可是，故事並沒有結束。因為，和小山交往後，爱爱的第六感告訴她，小山應該是喜歡小如的。在爱爱的追問下，小山也承認了。

「既然如此，你為什麼不告訴小如？」爱爱向小山逼供。「我想，小如一定是不喜歡我，才會這麼熱心地幫妳和我牽線。」小山說。

這個故事，透露出小如和小山對感情的龜毛。而且，他們倆差點兒因此而錯過對方。其實，不只是小如和小山這樣，在感情的路上，有的人是喜歡對方卻不敢表白，讓自己難過得半死；有的認為「食之無味、棄之可惜」明明不喜歡人家了，卻要一拖再拖才肯說分手。

我們，都當過嬰兒，能不能回到昔日坐在嬰兒車時，那種要就是要、不要就是不要的堅持？當放下該放的，緊握該握的，人生，將會更簡單。

愛情危險期

愛情危險期之後，
可能分手，也可能更好，
你是哪一種？

琳的前任男友打電話給她。兩人聊了很久，他告訴她：「和後來的女友分手了。」聽到這個消息，琳不知該說什麼，該安慰他、說些客套話嗎？

倒是他先開口：「現在回想起來，當時妳說的那句話還真對。」男人說的當時，指的是當年他和琳分手的那一刻。

那一刻，理智的琳告訴他：「我們現在是愛情危險期，只要過了這段時間，兩人的感情就會由淡轉平穩了。」

可是，男人聽不下去，他覺得兩人在一起，就是要濃濃的愛意、轟轟烈烈的火花，他無法理解什麼是愛情危險期，更不願等待愛情危險期後的雨過天青，他要現在就離開。

琳沒有挽回，因為她知道，那麼草率就決定要結束一段感情的他，不是她要的對象。她讓他走，卻沒有拒絕他和她的聯絡，每次他打來聊天問好，她就把他當普通朋友一樣打打屁、訴訴近況。

從前次的電話中，琳得知他交了新女友，這次，他卻悄來分手的消息，原因正是所謂的「愛情危險期」。只是，男女主角的位置調換，想留人的是他，而離開的是她。

「那妳呢？妳跟他好不好？」男人問。

「我們，早就過了愛情危險期。」琳甜蜜地說。

愛情危險期，常常來自於「無聊」、「不刺激」或「沒有安全感」。

沒有安全感的女子，常常能夠未卜先知。不信，聽聽下面的對話。

「如果有一天，你討厭我，一定要告訴我。」女孩說。「妳別亂想，我怎麼會討厭妳？」男孩不解地問。「我有很多缺點是你不知道的，等你發現了，你一定會不喜歡我了。」「缺點？誰沒有缺點，我才有一大堆的黑點。」男孩開起自己的玩笑。「不，我不夠好，有一天，你一定會離開我的……」結果，倆人真的分手了。

分手前，男孩告訴女孩：「若不是當初妳一直說我們不可能在一起很久，我也不會喜歡上別人。」別以為男孩這一番話是替自己找藉口，其實，從心理學的角度來看，男孩所做的解釋，是很有可能發生的。

這話怎麼說呢？看過勵志書或自傳吧！在這類書籍中，成功者幾乎都有一個特質：自我催眠。自己認為會成功，果真就成功了！這說明了一件事：只要你常常接觸某個訊息，久而久之，它就可能變成真的。

感情也是一樣的。天天看到另一半的優點，那麼，他就會變成一個充滿自信的人。天天告訴另一半：「我們一定會分手」，那麼，分手的念頭將會不知不覺地植入他的潛意識中，一旦有機會，可能就跟你切了！

所以，別去想倆人到底會不會在一起很久，也不要因為害怕分手而先做預告，用心去愛就好。

第一個影子

請仔細看看身旁的這個人吧！
他雖然有一點點初戀情人的影子，
卻有更多屬於他自己的味道。

麗兒告訴我，她交了一個新男友。看著麗兒興奮地描述著他們倆相處的種種，我感覺到，麗兒其實也是很愛他的。

誰知，麗兒突然話鋒一轉，略帶不安地說：「我怕我不是真的喜歡他！」

「怎麼會呢？」我覺得奇怪。「因為……」麗兒悄悄地說：「他跟『那個人』

有很多地方好像。」

麗兒口中的那個人，指的正是她的前任男友，想當初，那個人可是費盡千辛萬苦才追到麗兒，誰也沒想到，就在麗兒感情放得極深時，那個人卻感情出軌。「我好怕喔，萬一過不久我就不再喜歡他了，要怎麼辦？」麗兒說。

麗兒的疑慮，其實正是初戀影子症候群。什麼是初戀影子症候群？

比如：總會在喜歡的人身上，突然看到初戀情人的影子；有時是說某句話的調調：有時是突然而來的憂鬱情緒；有時是對某件事在乎至極的模樣……

如果只是一閃而過的感覺，那還好，問題是，很多人看著看著，不禁懷疑：自己是不是對初戀情人難以忘懷？

會愛上現任男友，難道只是因為他有初戀情人的影子？

答案或許是，也或許不是。對初戀情人難以忘懷，這是人之常情，表示你是個重情的人！現任男友身上有初戀情人的影子，這也沒什麼好奇怪的，反正都是你喜歡的，總不至於相差多大吧？

如果，你還對初戀情人的影子執迷不悟的話，請仔細看看身旁這個人吧！你會發現，他雖然有一點點初戀情人的影子，卻有更多屬於他自己的味道。

過去的影子和真實的人，你會選擇那一個？聰明的人絕對知道。

幸福講座

親自下廚給心愛的男人

「民以食為天」、「肚子餓，什麼事都做不了」。

關於食物的重要，相信大家都一定體會過。對於戀愛中的男女，食物更是重要，尤其當男人說：「真想嚐嚐你親手做的菜」時。

如果要在廚房做菜，不是到你家，就是在他家，男人會這樣要求，並非想看看你的手藝好不好，而是男人希望能夠跟你有更穩定的交往，並且把你當成結婚的對象。

不管你的廚藝如何，當心愛的他說：「真想嚐嚐你親手做的菜」時，千萬別隨隨便便地從外面買個陽春麵回來應付他，那樣，他會以為你不在乎他。

同樣的理由，如果你招待一個男人到家中吃飯，而且還是親自下廚，這個男人一定會以為你對他有好感才這麼做。

雖然只是佔地不大的廚房，也不能小看它哩！

幸福小帖

每天在日記本上記一條妳對他的新發現，將有助於感情發展。

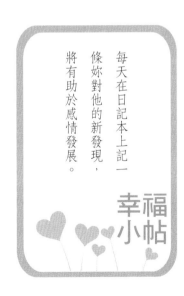

Memo

Astra Laude

幸福八號 雅特蘭黛

雅特蘭黛，因為打倒了大壞蛋而成為著名女英雄，此後，許多青年們慕名而來想要娶她為妻，但都因為和雅特蘭黛比輸賽跑而夢想落空，沒想到，雅特蘭黛卻輸給了一個跑得沒她快、智慧比她高的男人米拉寧……

微小說 8

不必守候

「Excuse me！」紐約地鐵，莎兒正試著用癟腳的英文向被她攔截到的老外問路。

「我帶妳去。」老外還算標準的國語，讓莎兒嚇了一跳。憑著第六感，莎兒認定這個自稱是David的人應非壞人，好吧，就跟著他走！

沿途，為了化解兩人素未謀面的尷尬，莎兒鼓起勇氣開口：「David，你為什麼會說國語？」「Well！我有交過中國女友。」「真的？好酷！」莎兒興奮地說。「好酷？」David看著莎兒，一臉疑惑。

「這是我們台灣的流行話。」莎兒解釋著。

「我以前的女朋友也是來自台灣的。」David說。「真的？她幾歲？叫什麼名字？說不定我認識！」莎兒珠連炮似的問了好幾個問題。

不過……不過，這回David卻沒回答她，只是望著遠方，似乎想心事想得出神。

「到了。」David指著前方的門說。莎兒看著名牌，嗯，沒錯，這裡就是她的寄宿家庭。按了門鈴，一個典型的五十歲美國婦人前來開門。「welcome！」婦人熱情地說。直到放妥行李，莎兒才發現，David還在客廳。看到他，莎兒一臉疑惑。倒是David先開口：「這裡也是我家。」

真相終於大白，原本，是David的媽媽要去接莎兒，但因臨時有事，才託David去接。事情就是這麼地巧，當David正要上前去認領四處張望的莎兒時，莎兒卻搶先一步地找他問路。

「好的開始，是成功的一半。」就寢前，莎兒回想著今天的點點滴滴，覺得自己此番排除萬難，獨自來紐約唸書，絕對是正確的選擇。

對於語言天份不佳的莎兒來說，想要到希望的學校就讀，必須得先在語言學院上課。第一天來到語言班，莎兒就看得眼花撩亂。「Mother，我們班上有以色列人、有土耳其人、有日本人、還有韓國人耶！」

幾天的相處，莎兒已經將David的母親視為自己的媽媽看待。雖然同學們的母語都不同，所幸大家還能以英文溝通，相處起來也算和樂。在同學之中，又以來自土耳其的John最愛纏著莎兒。「Oh！莎兒好可愛！」John總是這樣子說。於是，同學們都看出John對莎兒的偏心，紛紛想湊合他倆。

這天，David來接莎兒下課。開著車，David突然開口：「那個土耳其人是不是喜歡妳？」「喔，怎麼會？」莎兒故意一臉不解。「他對我有敵意。」David說。莎兒很想繼續追問，可是，她不敢開口。說真的，在地鐵時，莎兒會選David問路，就是因為他給她的感覺很好。

而後，當得知David跟她同住一個屋簷下時，她更認定這是上天給的緣分。但，David看她的眼神，總是很平常，就像哥哥對妹妹一樣。莎兒不諱言，他們倆的年齡是有些差距，可，不是有一句話叫日久生情嗎？

「Oh，可愛的莎兒，日久生情！」這天，John不知道打那裡學來這句話，一邊說一邊配上誇張的肢體動作，逗得大家哈哈笑。

「莎兒，妳可以試著和他交往看看，我覺得John還不錯。」當莎兒將在學校發生的事情告訴David時，David如此回答。

「不，我不喜歡他，我喜歡的人是……」未待莎兒說完，David突然喃喃自語。起先，莎兒聽不清楚他所說的話，後來終於聽懂了。

David說的，是一段刻骨銘心的愛情故事，故事的男主角原本以為自己愛的是妹妹，當見到姊姊後，發現姊姊才是他的真愛，可是，一切都來不及了。

雖然David沒告訴她這是誰的故事，莎兒卻以女生的第六感得知，故事裡的男主角就是David。

「有時，一個人會被感覺矇蔽，分不清什麼才是真愛！」David做了結論後，便緩緩地走出家門。此刻，莎兒知道，David是永遠不會愛上她了。「這樣也好，至少，我不用死守著一個不可能的人。」

開朗的莎兒拿起電話，只聽見她說：「John，我們去看電影，ok？」

女人的婚前外遇症候群

害怕結婚，不只是男人，女人也是一樣的。

一位男主持人在節目中自曝他的感情故事。

那是他的初戀，對象是他同學的姊姊，他追了好久好久，終於獲得她的青睞。就在他們投宿旅館的那夜，一覺醒來，枕邊的她竟不知在何時離開。

他很傷心地告訴同學自己失戀了，沒想到同學的回答卻更霹靂：「別難過了，我姊都快要結婚了！」

同樣的情形，也發生在我的一位朋友身上。

朋友即將與男友論及婚嫁，愈接近婚期，她就愈積極參與聯誼，認識不同的男生，並且隱瞞已有要好男友的事實，可是，在未決定結婚前，她根本是一個任人說破嘴皮，也不願意再去多認識男生的女孩，怎麼一確定要結婚，反而變了個樣？

或許，這就是女人的婚前症候群吧！害怕結婚，不只是男人，女人也是一樣的。

怕婚後的生活和自己想的不同，怕失去自由，怕上班之餘，還要處理家事，更怕嫁錯對象，而且，結婚就代表著「不能再和別的男人談戀愛」。

於是，女人害怕了……所以，想趁婚前最後的一年半載，重溫那種互探對方心意的神秘感，順便將新認識的男孩與未婚夫一一做比較，當發現新人都不及舊人好時，終於放心地步上紅毯。這，就是女人的婚前症候群。

幸福小帖

想好了，再結婚！

愛不是仿冒品

你該擁有的是自己的原貌，而不是因為喜歡對方而硬「拗」自己，一味的朝對方想要的模樣去仿照。

最近，我看了一本漫畫，畫中的女主角是個外表漂亮，說話和動作卻很恰北北的女孩，因此又有「兇婆娘」之稱，沒有男生敢與她交往。

當她轉學後，便一心想改變自己的形象，不但說話嬌滴滴，還謊稱自己的興趣是賞畫和聽音樂（其實完全不了解），學校中的男生，莫不被她可愛漂亮的外表及動人的氣質所吸引。就在女孩成為萬人迷的同時，卻殺出程咬金。

這位程咬金不是別人，而是女孩的同班同學，由於他小時候曾經被女孩欺負過，深知女孩的個性，當然曉得女孩的溫柔全是假裝。於是，女孩就在怕同學揭她瘡疤，及裝淑女裝得很累的雙重壓力下，精神愈來愈差。

有天，學校發生大欺小的事，現場的圍觀者很多，卻沒有人敢挺身而出，女孩見狀，便決定不顧形象地和對方大打出手。

這一打，果然令大家瞠目結舌，雖然她的學長男友因為形象破滅不願和她交往，但女孩的同學們卻對她個性的義行讚賞有加，不因她前後表現有差而討厭她，最後，她也和最瞭解她個性的程咬金同學成為班對。

雖然，這是漫畫，卻也反應了戀愛中的人常有的疑慮：到底要不要變？

尤其是，當兩個人習性不合時，該怎麼變？

假如詢問專家，得到的答案或許是「不要想改變另一半。」好吧，那就改變自己吧！問題是，你當真願意改變自己嗎？還是只是忍？小心喔，忍的東西都是違反自然、難以長久的，不信，試試忍著不拉肚子，看你可以忍多久？

愛情並非仿冒品，你該擁有的是自己的原貌，而不是因為喜歡對方而硬拗自己，依著對方想要的模樣去仿照，否則，一旦你忍得受不了時，將會一爆發而無可收拾！

幸福小帖

不勉強自己，
就是一種幸福

矛盾的男人

都是談戀愛，何不開放心胸，放膽去愛？

她，是新生代主持人。他，是情歌歌手。她總是活潑、熱情。他看來靦腆、內向。

當兩人擦出愛的火花後，他們成為眾所屬目的焦點，就在祝福之聲紛紛傳來之際，卻宣告分手。不管媒體再怎麼挖，雙方都沒有說出分手的原因。

「我害怕主動的女生，但自己又很被動，因此很矛盾，所以我爸媽才會拚命替我相親。」一年後，歌手在出片時這樣形容他的感情近況。

哇，真的很矛盾呢！妳，有沒有遇過矛盾的男人？

明明他也表示對妳有好感，但當妳開始關心他的私人生活時，他就覺得妳太快了，令他有些無法喘息。好吧，那麼就控制自己的速度，不再那麼關心他。可是，當妳慢下來時，他則完全停止不動，令人不禁要懷疑：到底他愛不愛我？

我想，這樣的戀情，對女方來說肯定很不好受，對男方來說，也是如此。想想，因為自己的矛盾而和一個有感情的人分手，還得去重新認識不曾照面過的人，是不是挺累的？

都是談戀愛，何不開放心胸，放膽去愛！不只是矛盾的男人，矛盾的女人也該如此！

原來情人就像原子筆

如果你覺得身旁的他就像一支難寫的筆，讓你再也受不了，何妨，換一支筆，換一個男人？

嗨，你的字寫得怎麼樣？

是那種瘦長型的，還是胖短型？是清秀型的，還是鬼畫符般嚇人？

無論如何，你一定有這種經驗：「咦，今天的字寫得特別漂亮！」或者……「討厭，今天的字怎麼這麼醜！」照理說，字跟人的外表一樣，到了某個年齡，就差不多被定型。

那，為什麼有時的字寫得特別好，有時又挺難看？除了心情好壞會影響寫字的潦草與整齊之外，有沒有發現，原子筆其實也佔了很大的因素？

用到了好寫的筆，再怎麼急促，寫出來的字就是令人讚嘆。用到了難寫的筆，再怎麼靜下心，寫出來的字就是那麼的「善良」。

奇怪嗎？一點也不！道理就和你交往的對象一樣。你的他風流成性、三天兩頭找不到人，這段戀情當然滿是瘡痍。你的他專一負責、時常不忘給你電話，這段戀情當然充滿甜蜜。

如果將男人比喻成原子筆，戀情，就是寫出來的字；好男人就像好寫的筆，壞男人就像難寫的筆，你選擇的人不同，結果自然就不同。

所以，如果你覺得身旁的他就像難寫的筆，再也讓你受不了，何妨，換一支筆，換一個男人？

幸福講座

從情人的字跡中，也可以看出他的個性喔！

字大的人：他是一個對感情態度表現冷淡的人，雖然不夠溫柔體貼，也別誤會他對你的愛。

字小的人：他是一個很有異性緣的人，儘管如此，在選擇終身伴侶時不會三心二意。

字粗的人：他是一個溫柔又善解人意的人，既穩重又喜歡照顧別人，雖然偶爾偷懶，卻很知道事情輕重。

字細的人：他是一個被動型的人，對感情的態度比較不積極，最適合賢妻良母型的女性。

字方正的人：他是一個是非分明、正邪不兩立的人，固執起來像條牛一樣，需要開朗溫柔的對象來融化這顆心。

字有稜角的人：他是一個拙於說話、不大會營造氣氛的人，不過也是個理智和細心的人。

字圓滑的人：他是一個謙虛、人際關係不錯的人，常會因為太主動而嚇到女方，其實，這只是他表示熱情的方法，不必太驚訝。

字往右上方偏的人：他是一個比較注重自我的人，對於愛情不拿手，屬於愛你在心口難開的類型。

字往右下方偏的人：他是一個溫柔體貼的人，雖然容易以貌取人，婚後卻不會有二心、通常很照顧家庭。

IResearc
repair
Lufthans

幸福九號 艾瑞修莎

有天艾瑞修莎打獵累了，看到不遠處有條清澈的河流，便輕解羅衫，跳進河裡泡澡。河神看到迷人的艾瑞修莎，便愛上她向她示愛，但艾瑞修莎只是一逕地逃開，河神窮追不捨。不得已，艾瑞修莎向狩獵女神求救，女神將她變成泉水，讓她鑽進地下的縫，神通廣大的河神非常不甘心，也把自己變成條河，隨著艾瑞修莎而去……

微小說9

偶遇

換好運動服，小方走出員工休息室。他看著身上的名牌，喃喃自語地說：「又是全新的一天，加油吧！」小方往跑步機一踩，開始今天的工作。

這裡是五星級大飯店的健身房，辭去ＰＵＢ工作的小方，正是健身房的教練之一。由於來往的客人很多，小方每天看的人也多。除了會員外，從國外來台洽商的外國人也不會放過免費使用健身房的機會。

此時，小方的身旁就出現一位新面孔。基於工作，小方不免轉過頭和對方打招呼。這才發現，身旁的她還真是個美人胚子哩！

素淨的臉龐使得五官更為明顯，頭髮則梳成馬尾，身上穿的緊身衣，更襯托出姣好的曲線。一時間，小方看呆了。

倒是對方先開口：「Hi，好久不見！」這句話，又讓小方迷糊了。他愣愣地望著眼前的美女，腦海中則開始搜尋曾經來過健身房的面孔。不對啊，明明沒有這一號人物，否則他一定會記得很清楚。

「請問，」小方說：「妳以前來過這裡？」「Oh, No!」對方搖搖頭。這就是了，小方想。隨即，問號又浮上心頭：既然她沒來過，怎麼會說好久不見！

看到小方滿頭霧水的表情，謝琳再也不忍捉弄他，她噗嗤一笑，說道：「我是你國小同學謝琳！」喔，謝琳！小方想起來了，謝琳是國小三、四年級的同班同學，他們還曾經坐在一起，當時，謝琳總嘲笑他是小矮子。

「沒想到，你現在變得這麼高！」謝琳笑著。「妳也是，變了好多。」小方由衷地讚美。「喔？那裡變？」謝琳追著問。

「妳變得……好美……」簡單的幾個字，竟讓小方邊說邊臉紅。「你倒是沒什麼改變？」謝琳又笑了。「咦？」「我是說你的個性，還是那麼容易臉紅。」

中午，小方以主人身份，邀請謝琳一道用餐。聊著聊著，小方才知道，謝琳全家在她念國中時，就移民到美國。

「那妳這次回來……」小方急於探聽謝琳的動向，他真希望她能在台灣多待一陣子。不過，想也知道，謝琳頂多是住個幾天，否則，她怎麼會在飯店落腳。小方又期待又失望的表情完全寫在臉上，害得謝琳的同情心由然而生。

「其實，我這次回來，是來找我姐姐的。」謝琳說。「妳姐姐？」「是啊，本來，我已經要結婚了……」聽到結婚二字，小方的臉突然像洩了氣的皮球般，垮了下來。「可是，」謝琳接著說「後來我才知道，我的男友喜歡的是我姐……我一氣之下就割腕自殺」

『鏘！』一聲，聽到這麼戲劇化的事情，過於激動的小方突然忘記手上還有刀叉，就這樣任它們摔到地上。

謝琳告訴小方，雖然自殺獲救，但她無法原諒姐姐，而姐姐也在兩面不是人的情況下，離開了美國這個傷心地，回到台灣任職。

「我想過了，感情是不能強求的，我恨不恨她，都不能挽回David對我的愛，然而，我卻因為恨而失去了一個愛我的姐姐，多划不來！」謝琳說。兩人沈默了一會兒，謝琳好像想到什麼似地問：「小方，你知道AB廣告嗎？」

「當然知道，我還有一個好朋友在那裡上班呢！」「真的？」謝琳的臉上再度浮出笑容。「對呀，我現在就去打電話，保證他馬上幫妳找到妳姊。」小方拿出手機，開始撥號。

「等等……」突然，謝琳將小方的手機按掉。「我還沒做好心理準備，而且，我姊也不知道我來台灣。」謝琳說。

「既然這樣，不如我先將我那個換帖兄弟找出來聊聊，一方面妳可以打聽妳姊的現況，一方面也順便調適自己的心態。」小方在出主意的同時，心想真是太好了，終於能讓謝琳在台灣待久一點。

偉明一踏進PUB，就看見小方。不，嚴格說起來，他先看到的是一名美人兒，然後才發現在美人兒身旁的小方。偉明拉了椅子坐下，並自我介紹。「小方告訴我，謝小姐想瞭解敝公司？」

聽到偉明的問題，小方和謝琳互看一眼，片刻，謝琳開口了：「其實，我是想跟你打聽一個人。」「那有什麼問題？」偉明拍拍胸脯說：「我在AB廣告已經算久了，不管是老人、新人儘管問！」「我想知道，你們公司裡，有沒有一個人叫謝正傑？」

謝琳的問題，冷不防讓偉明嚇了一跳，他打量著眼前的她，想找出倆人的關係。

「妳跟她是？」「我是謝正傑的妹妹。」聽到謝琳的回答，偉明突然止不住地狂笑，令小方和謝琳丈二摸不著頭腦。「你笑什麼？」小方疑惑地問。「妳是她妹……」偉明笑岔了氣說．「妳是那個男人婆的妹妹？」「男人婆？」謝琳驚訝的問。

於是，偉明將他所知道的謝正傑描述給謝琳聽，聽得謝琳瞪大眼睛。「你說的真的是我姊嗎？」謝琳告訴偉明，他口中所說的這個人，跟她所認識的她，完全不同。

謝琳的一句話，引起了偉明的興趣，就在偉明以交換情報為要脅下，謝琳只好將她們的故事大略一遍。「我就說嘛，明明是個條件不錯的姑娘，幹嘛把自己打扮得兇婆娘一樣，難怪！」偉明一臉恍然大悟的語氣。

翌日。謝正傑抱著文件，在街道急行——都怪台北的交通太亂，眼看與客戶約定的時間一分分逼進，謝正傑不得不跳下計程車，以近乎跑步的方式向開會的地方前進。或許是太久沒運動，謝正傑跑得有點兒喘不過氣，幸好她現在人已經在客戶公司樓下，稍微靠著牆壁休息，也不怕來不及。

就在此時，她看見了無法置信的一幕。

從牆壁旁的大片玻璃望去，在咖啡廳裡坐著的，不就是偉明？令她震驚的是，在偉明對面，擁有陽光燦爛笑容的，是……謝琳！？

謝正傑更貼近玻璃再看一遍，確定她所見無誤。妹妹，是什麼時候來台灣的？還有，這兩個人怎麼會扯在一起？

AB廣告——

剛掛完電話的偉明走進謝正傑的辦公室。「謝總，聽說妳今天跟客戶開會，很精采！」「是嗎？」謝正傑扶扶眼鏡問「是小吳告訴我的，說妳今天差了點兒跟他們老董吵起來。」「喔，那是因為他們太沒sence，不瞭解我們廣告的內容，你未免也管太多了。」謝正傑冷冷地說。「妳……」偉明關心地問：「不會是那個來了吧！」「難道你希望我永遠也不會來？」謝正傑引用某句廣告，一語雙關地說。

當碰了一鼻子灰的偉明自討沒趣地離開後，謝正傑突然崩潰了。她覺得好累、好累……

「欸，事情進行得怎麼樣？」晚上，謝琳call偉明。

「托妳的福，有反應。」偉明在電話那頭笑著問：「妳那邊呢？」偉明接著問。「剛剛我姊已經來飯店找過我了，我問她怎麼知道我在台灣，她說是她打電話回美國，媽媽告訴她的。」「妳姊還真是死鴨子嘴硬！」「對呀，她竟然都沒有問起你的事情耶！」謝琳說。「既然這樣……」偉明停頓了一下。「就按照原訂計劃吧！」謝琳接著偉明的話說。

最近，謝正傑明顯地發覺，偉明變了。

怎麼說呢？以前的他老是留下來和她討論案子，現在的他常常準時下班。就算硬要他留下來加班，他也心不在焉。以前的他會為了兩人的意見相左而跟她辯，現在則是什麼都依她。

「偉明兄最近好像春風滿面？」

一天，謝正傑經過茶水間，聽見偉明和同事的對話。「有嗎？」偉明說。「是不是把到漂亮美眉了？」「人嘛，總要談戀愛！」偉明不置可否的語氣，分明就是承認了。除了偉明的變化外，謝正傑也發現，她常常找不到謝琳。「我和朋友有約嘛！」謝琳總是這樣回答。

漸漸地，謝正傑開始在乎起偉明下班的時間，只要看見偉明離開公司，謝正傑就會無意識地拿起話筒找謝琳。

「嘟……嘟……」沒人接。謝正傑幾乎就要確定，偉明的戀愛對象就是謝琳了。

這天，謝正傑來到謝琳下榻的飯店。原本是閒話家常，不知怎麼地，謝正傑話鋒一轉，突然間：「妳在飯店裡住這麼久，難道不覺得很浪費嗎？」「還好啦！」謝琳說。「如果，妳打算在台灣久留，不如到我那兒住吧！」「不了。」謝琳婉拒了她的好意，並接了一句：「我待會兒就要搬去朋友家了！」

「朋友？」聽到妹妹如此說，謝正傑腦海中出現了偉明的名字，突然失去理智，口出數個問句：「妳的朋友是男的嗎？妳確定他可靠？他的來歷妳清楚嗎？」

「姊，我已經不是小孩子了，」謝琳回答：「妳忘了我差一點就要結婚了嗎？」謝琳的一句話讓謝正傑無言以對。是的，眼前的妹妹並非小孩子，要不是因為自己，妹妹早就結婚了。

「對不起，」謝正傑緩緩地說「我不應該干涉妳。」「那麼至少，妳可以把朋友的電話給我，這樣我找妳比較方便。」謝正傑要求。「好啊，我再介紹你們認識。」謝琳說。

突然，電鈴聲響起。謝琳跑去開門。雖然還沒看清楚門口那人的長相，謝正傑卻覺得一顆心彷彿天打雷霹般，快要站不住。此刻，她真恨不得挖一個洞躲起來。光看身材，謝正傑就可以百分百確定，來的人是偉明。

「咦，這麼巧，妳也在這裡？」偉明倒是很大方。

「姊！」謝琳好像想起什麼似的笑著說：「我忘了跟妳說，我認識妳們公司的人！」

「不要緊，我現在知道了。」謝正傑故作鎮定。「對了，妳知道我們是怎麼認識的嗎？偉明他……」謝琳話匣子一開就停不了。

雖然妹妹的嘴巴動個不停，謝正傑卻覺得天昏地暗，對於謝琳所說的話一點兒也聽不進去，竟說了一句：「很好。」

「姊，妳說什麼？」謝琳一臉莫名其妙。

「我是說，偉明是我們公司的大將，很有才華，妳跟他在一起很好。」謝正傑一字一句地說著，卻難掩心中的痛。

此時，她才知道，自己是多麼地在乎偉明。

「不是啦，姊，我是要住到偉明的朋友小方家啦！」謝琳急忙更正。

「小……方？」「對啊，就是小學的時候坐在我隔壁的小方。」「妳是說，妳以前暗戀的那個……矮矮的小方？」謝正傑終於清醒。

AB廣告又開始流傳小道消息。一向打扮中性化的謝總，竟然一改往常，愈來愈有女人味，肯定是有喜啦！

「都虧我們偉明兄，」小胡拍拍偉明的肩膀說：「不然，我們還看不到謝總的真面目呢！」就在眾人舉杯慶賀AB廣告終於拿下「萬萬保險套」合約的同時，謝正傑和陳偉明這一對才子佳人的愛情故事也被喻為佳話。

即使他騙了妳

男人為了撒謊大費周章，這表示他自己都覺得心虛，

何必再去生他的氣呢？

男人告訴女人：「下星期我要去香港辦展覽，不能陪妳喔！」。一個星期很快就到了，女人忙於工作，並沒有覺得日子有什麼不同。突然，手機響起。

「Honey，是我！」「你在那裡，好吵喔！」「我不是告訴妳，我會來香港辦展覽嗎？我現在人就在香港，妳如果不相信，我把電話接給我的香港朋友！」不等女人回應，話筒那端已經換了一個人，用著廣東話和她問好。「這下，妳總該相信我是在香港了吧！」男人拿回話筒說。

女人告訴我，在一次偶然的機會中，她才得知男人那一次根本不是去香港辦展覽。而是帶著新認識的女伴去香港旅遊。「妳會恨他騙了妳嗎？」我問。

「恨？怎麼會？」女人笑著說：「雖然他騙了我，卻也為了要說這個謊言而做了許多準備，不但得趁那個女生不在時打電話給我，還要請導遊一同圓謊，其實，他也算是蠻有心的了！」

女人說，在知道男人騙了她的一瞬間，原本是很生氣的，後來想想，反正男人也為了撒謊大費周章，表示他自己都覺得心虛，何必再去生他的氣呢？「分手時，我還衷心地祝福他和他的新女友呢！」她說。

午後的陽光，透過窗櫺灑在她的臉上，我深深覺得，她真的是一個很有智慧的女人。

生活作息不同的警訊

生活，是自己要過的，一個作息正常的人，
因為另一半跟著過夜生活，也是為別人而活！

妳的男友是朝九晚五的上班族？還是朝五晚九的上班族？我認識的一個女孩，她的男友正是後者。

女孩和男友是大學同學，畢業後都在台北工作，當初為了要有自己的生活空間，女孩選擇與男友各租在不同的地點。一開始，女孩和男友都是朝九晚五的上班族。他們會利用下班時間或假日約會。接著，男孩對他一成不變的工作性質感到厭煩，並決定換工作。

這一換，不但和原本的工作截然不同，連上班時間都跟別人顛倒。因為，他到了一家期貨公司。這下子，倆人只能利用假日約會。後來，女孩的公司倒閉，待業中的她，自然有許多空出來的時間。

起初，每當男孩快下班時，女孩就會騎著摩托車到他的住處，為他準備一些吃的，好讓他回家時不會餓肚子。此時，通常是深夜三點。男孩回到家，吃過東西、洗個澡，接下來自然是呼呼大睡。

而女孩呢？也因為半夜就起床，精神也是不濟，於是跟著男孩夢周公。就這樣，女孩回到自己租的房子的時間愈來愈少，除了和男孩吵架之外，她幾乎都窩在男孩那兒，男孩去上班時，她就看漫畫、看ＨＢＯ。即使沒有工作，女孩的生活也成為標準的朝五晚九族。

她懶得去找工作，懶得去面試，就靠著上一份工作存的積蓄過生活。對於當初說的「要有自己的生活空間」，早就忘得一乾二淨。問她為什麼不把租來的房子退掉，她說：「不行啊，我怎麼知道他會不會永遠跟我在一起？」女孩的語氣，透露出許多的無奈。聽來，令人心疼。我告訴女孩，如果她無法不照顧他，那麼至少每星期給自己放假一、二天，回到自己的窩，試著重新享受獨處的美。

生活，是自己要過的，一個不上夜班的人，如果過著日夜顛倒的生活，那只是為別人而活。

幸福小帖

做自己想做的，過自己想過的，比任何事都重要。

幸福講座

男人的嫉妒心

「親愛的，最近那隻蒼蠅還有沒有對你死纏爛打？」當你的男友這樣問你時，就代表他開始嫉妒了！

別以為只有女人的嫉妒會淹死人，其要說起來，男人的嫉妒心才強呢！

男人的嫉妒通常不會明明白白地表現出來，因為他們認為這樣子做有失面子，所以改採旁敲側擊的方式，先詢問你是否還有追求者，如果有的話，他必定暗中發揮他那打不死的攻擊力，不管是對你特別地體貼、還是把自己的優點盡量秀出來。

反正，他就有辦法不讓你對別的男性有一絲好感，或者是在你對別人有好感之前，先臣服於他。

如果，你的男友是基於愛你才不顧意讓別的男人接近你，當然是可理解的，要小心的是，有些男性會以和別的男人競爭的心態來追求你，並非打從心底愛你。

此時，你可得擦亮眼睛，千萬別成為被男人玩弄感情的美眉唷！

BOOK 好書×推薦

社會新鮮人一定要上的13堂課

定價NT250元

全彩圖解、史上最強的社會新鮮人成功學大公開！

***最完整的職場成功學**

本書堪稱為最完整的新人職場成功學，從如何選擇好公司、跟對老闆、提升自我競爭力等方面，作者都有精彩且詳盡的解析。

***讓讀者輕鬆了解職場上的生活之道**

本書運用全彩圖解的高規格製作，用通俗化的語言、豐富的圖表，力圖讓讀者輕鬆了解新鮮人所該努力的方向，作者並用多年經驗分享在職場上的生存之道。

***最實用的商業技巧**

此書要教會讀者的是一種很有效、很實用的商業技巧，能幫讀者找到工作、保住工作、快速升職，讓你的職場關係更和諧，順利闖出一片天，比別人更快速成功。

勵志雲 06

20幾歲,要學會的幸福學分

出 版 者／雲國際出版社
作　　者／廖翊君
總 編 輯／張朝雄
封面設計／黃聖文
排版美編／YangChwen
內文校對／李韻如
出版年度／2012年11月

長號／50017206 采舍國際有限公司
（郵撥購買，請另付一成郵資）
出版中心
／新北市中和區中山路2段366巷10號10樓
出版中心
／北京市大興區棗園北首邑上城40號樓2單元709室
／（02）2248-7896
／（02）2248-7758

全球華文市場總代理／采舍國際
地址／新北市中和區中山路2段366巷10號3樓
電話／（02）8245-8786
傳真／（02）8245-8718

全系列書系特約展示／新絲路網路書店
地址／新北市中和區中山路2段366巷10號10樓
電話／（02）8245-9896
網址／www.silkbook.com

20幾歲,要學會的幸福學分/廖翊君著. -- 初版. -- 新北市：雲國際, 2012.11
面；　公分
ISBN 978-986-271-265-8 (平裝)
1.戀愛 2.通俗作品
544.37　　101015835

本書採減碳印製流程並使用優質中性紙（Acid & Alkali Free）最符環保需求。